教育部普通高校人文社科重点研究基地北京师范大学教师教育研究中心资助出版
教育部普通高校人文社科重点研究基地北京师范大学教师教育研究中心学术成果

大夏书系 | 语文之道

语文素养导向的
文本解读

赵希斌 / 著

华东师范大学出版社
上海

图书在版编目（CIP）数据

语文素养导向的文本解读 / 赵希斌著.
—上海：华东师范大学出版社，2024. — ISBN 978-7-5760-5087-5
I.G633.302
中国国家版本馆 CIP 数据核字第 2024QU9178 号

大夏书系 | 语文之道

语文素养导向的文本解读

著　　者　赵希斌
策划编辑　张　宁
责任编辑　张思扬
责任校对　杨　坤
封面设计　奇文云海·设计顾问

出版发行　华东师范大学出版社
社　　址　上海市中山北路 3663 号　邮编 200062
网　　址　www.ecnupress.com.cn
电　　话　021-60821666　行政传真 021-62572105
客服电话　021-62865537
邮购电话　021-62869887
地　　址　上海市中山北路 3663 号华东师范大学校内先锋路口
网　　店　http://hdsdcbs.tmall.com/

印　刷　者　北京密兴印刷有限公司
开　　本　700×1000　16 开
印　　张　13.5
字　　数　200 千字
版　　次　2024 年 6 月第一版
印　　次　2024 年 6 月第一次
印　　数　4 100
书　　号　ISBN 978-7-5760-5087-5
定　　价　62.00 元

出版人　王　焰

（如发现本版图书有印订质量问题，请寄回本社市场部调换或电话 021-62865537 联系）

目录
Contents

前　言 // 001

第一部分　文本解读的两个指向和三个路径

一、文本解读的两个指向 // 006

二、文本解读的三个路径 // 025

第二部分　课文解读及关键教学问题

《背影》:"父爱"之外还有别的吗 // 063

一、矛盾与反差 // 068

二、时间与重塑 // 070

三、细节与深情 // 073

《雷雨》:作者说不要社会批判,可没人听他的 // 077

一、《雷雨》中的残忍 // 081

二、《雷雨》中的宿命 // 087

三、《雷雨》何以永恒 // 094

《故都的秋》:"因为懂得,所以慈悲" // 097
　　一、浊重背景 // 099
　　二、雅净之美 // 107

《昆明的雨》:除尽火气与感伤主义 // 119
　　一、热爱生命 // 120
　　二、情意优美 // 125
　　三、理想人格 // 131

《金色花》:无他,唯有美 // 135
　　一、儿童与纯真 // 137
　　二、游戏与喜悦 // 141
　　三、遐想与唯美 // 144

《荷塘月色》:一刹那的出离 // 150
　　一、人生的重重矛盾与不安 // 151
　　二、出离心与刹那主义 // 166
　　三、闷即出游 // 171

《荷花淀》:战争与浪漫的相遇 // 177
　　一、浪漫之花 // 178
　　二、现实之根 // 190

附录:《去年的树》教学设计 // 197
后　记 // 203

前　言

宋代官窑瓷器可以用于日常吃饭盛汤吗？可以。我们会这么做吗？当然不会！因为它是文物，是艺术品。以此类比，如果我们不能优化文学文本的解读，就有可能"不识货"乃至"暴殄天物"，从而失去利用文学作品提升学生审美素养的机会。

这本书聚焦两个问题：第一，什么是审美及高级审美，以及决定审美层次的要素是什么？第二，如何发现和挖掘文本的高级审美意蕴？

文学文本解读的意义

语文课本中的文本有两类：实用类文本和文学文本。前者如说明文、告示、传记、新闻稿、访谈录、调查报告、科普文章等，后者如小说、戏剧、诗词、抒情的散文和记叙文等。人们通过实用类文本完成特定任务，如表达沟通、传递信息、记录备案，而文学文本的核心功能是抒情，其关键价值是使人获得美感。本书指向文学文本的解读，澄清文学文本解读的价值、目标、路径。

文学文本解读的核心目的是引导学生亲近文学作品，与作品产生深刻的共鸣，更好地感受和接受文学之美。遗憾的是，当前语文教学中，很多教师不擅长甚至不会教文学性文本，典型表现在未能以审美的方式解读文本并进行教学。例如，只要课文中出现了"父母"，就讲"感恩父母，要好好报答他们"；出现困难和牺牲，就讲"克服困难，勇毅前行"；对于写景之文，就讲"景色写得多美，赞叹大好河山"；面对悲剧，就把人、事、物批判一番……如此操作使文学审美荡然无存——这就是上面所说的"不识货""暴殄天物"。

高质量文学文本的学习和欣赏对学生成长有重要意义，宋玉在《对楚王问》[①]中说：

客有歌于郢中者，其始曰《下里》《巴人》，国中属而和者数千人；其为《阳阿》《薤露》，国中属而和者数百人；其为《阳春》《白雪》，国中属而和者，不过数十人；引商刻羽，杂以流徵，国中属而和者，不过数人而已。是其曲弥高，其和弥寡。

"曲高和寡"这一现象意味着审美是需要培育的趣味与能力，有高低和优劣之分。人有自低到高三个层面——生理、精神、灵魂——的存在，身体残疾是遗憾的，精神世界不丰富、灵魂无处安放同样是遗憾的。艺术的核心是美，是真与善的聚合物，审美指向了世界、人心的真相与本质，对丰盈、安定人的精神乃至灵魂至关重要。匮乏的、质量低下的文学审美教育造成的缺陷很难弥补，因为文学审美的养成是潜移默化的过程，就像一个只听流行歌曲甚至"口水歌"的人，成年后对高雅音乐产生兴趣的可能性极小，因为其口味、品位已经定型了。

文学文本解读面临的挑战

由于应试的压力，"考什么教什么"成为很多师生自然的选择。当前考试以纸笔测试为主，这样的考试很难容纳非标准化的、主观的艺术赏析，基于语文教学提升学生审美素养因此被忽视、被压抑。此外，相当多的教师在文学文本解读、赏析方面的基础相当薄弱，这也是制约文学文本解读质量的

---

① 该文风格虽然与宋玉的其他作品很相似，但后人疑非宋玉所作。

一个重要原因。语文教师可自问：我们能否在教学中解析并呈现文本的美，让学生感受经典文学作品的高层次美感？我在网上作了一个有673人参与的只有三个问题的简单调查，下面是调查问题和对答案的统计结果：

第1题：有多少篇中小学课文让你难忘和感动？

没有	想不起来	1篇	2篇	3篇	多于3篇
2.8%	10.0%	11.4%	9.4%	5.4%	61.0%

难忘和感动是文学赏析的基础性、条件性反应。语文教学中有那么多文学文本，此题选择"没有"和"想不起来"的答题者合计为12.8%，不多于3篇的比例为26.2%。此结果提示，学生对文学文本的接受和赏析状况不理想。更何况我通过微信朋友圈发布调查问题，接受调查的人大部分都是教师（其中还有很多是语文教师）和北师大的学生，如果在一般人群中进行调查，结果可能更不乐观。

第2题：为什么这篇（些）课文让你难忘和感动？（第1题回答"没有"和"想不起来"的略过此题和第3题）

文章好	老师讲得好	文章好，老师讲得也好
43.4%	4.0%	52.6%

在87.2%的答题者中（除去选择"没有"和"想不起来"的12.8%），超过40%的人认为某篇文章之所以使其难忘、感动，是因为"文章好"而不是"老师讲得好"。这意味着很多老师从未讲过让学生难忘、感动的课文。

第3题：请写下最让你难忘和感动的一篇课文。

此题调查结果显示，朱自清的《背影》排在第一位，得票数为86，比排在第二位的文章得票数高出近 4 倍。我看了很多一线教师《背影》的教案或教学实录，绝大部分将文章主题指向"父爱"。这么讲可以吗？当然可以。这么讲感人吗？当然感人——不然也不会有那么多答题者选择这篇文章。但是，这样讲《背影》有些像前面所说的"用古董吃饭盛汤"。感动是审美的要素，但感动不等同于审美。本书在第二部分解读《背影》时会呈现一篇写"母爱"的文章，其真挚和感人的程度丝毫不弱于《背影》表现的"父爱"，但其艺术价值和审美意蕴与《背影》不可同日而语。因此，我们要追问：很多人被《背影》感动，其中的"审美含量"有多少？

我们应认识到一个严峻的现实，很多语文教师从上小学到成为一名语文教师，都没有接受过高质量的文学审美教育——他们的老师都没有从文学审美的角度解读文本并进行教学，经历如此教育的学生成为语文教师后，很难在教学中实施高水平的文学审美教育。基于此，帮助教师把握文学文本解读的方法和策略，提升其文本解读水平是亟须解决的问题。

文本解读以高质量资料关联为基础

本书分为两个部分。第一部分以一篇课文为例，说明文学审美的要义，澄清美、美感、审美的内涵，提出文本解读的两个指向和三个路径；第二部分选择了七篇课文，对其进行解读并提示关键教学问题。

语文教材中很多文章的创作意图、内容主题、艺术手法都很明确，而且已有相当成熟的解读和丰富的背景资料，本书没有选择这些文章进行解读。本书选的七篇文章更像幽谷之兰，只有经过仔细端详、反复品味，才能感受其撼人心魄的美。事实上，这些文章"很难教"，抑或很多教师会感觉"不知道怎么教"，从很多教案、教学实录来看，这些文章也确实解读得不够好。最大的问题在于：很多时候教师讲的都是一望而知的内容，文章的解读流于表面化，未能触及文章的审美意蕴，学生缺乏真正的审美体验。

本书的文本解读框架和实践表明：对文章进行高质量解读需要收集、分析丰富的资料。有些老师可能会有疑问，解读一篇文章要这么麻烦吗？例如，《故都的秋》讲其写景之"细、清、静"不就行了，干吗搞那么多背景资料？陆游说："汝果欲学诗，工夫在诗外。"不仅文学创作要在"诗外"下功夫，解读、欣赏文学作品同样要在"作品外"下功夫，收集、分析作品相关资料就是一项极重要的功夫。举例而言，著名歌星王菲演唱的由李健作曲的《传奇》脍炙人口。2002年冬天，李健看了奥地利作家茨威格的名作《一个陌生女人的来信》，这部小说让他非常感动——女主人公的人生经历就是一个传奇。于是，他创作了这首曲子。我们都能意识到，这个背景资料对于理解和欣赏《传奇》多么重要！如果我们喜欢《传奇》，可能会好奇《一个陌生女人的来信》写了什么；如果我们读了这部小说，会对《传奇》有更深刻的感悟。

很多教师为什么在解读文本时只能讲那些"一望而知"的内容？一个重要的原因就是对文本相关资料的把握不够，便只能讲一些表面化的内容，这怎么可能引发学生的兴趣和感动呢？很多内容教师不讲学生也能看得到、看得懂啊。从本书第二部分解读的七篇课文可以看到，资料关联为我们把握作者的写作意图、体会文本的内容和形式提供了坚实的基础。基于丰富的、高质量的资料关联，作品被寄寓的深层次的美感被揭示出来，从而带给学生更多、更深的感动，正可谓"寻常一样窗前月，才有梅花便不同"。

在操场上跑步与在山林间健走，二者消耗的热量可能是一样的，但后者的收获要比前者多得多——可以感受清风阵阵、山泉汩汩、鸟语花香、天光云影，藉此既锻炼了身体，也陶冶了情操。基于资料关联的文本解读同样如此，关联的资料不仅有助于我们理解和欣赏目标文本，而且这些资料本身就会让我们获得多重、多向的感悟与感动。例如，本书第二部分解读《故都的秋》，关联的资料让我们得以认识大自然对中国文人的意义，理解老庄思想中"清""静"的审美趣味，欣赏中国文人对"枯淡"风格的喜爱，以及"悲凉"何以为美。这样的文本解读超越了单篇课文及孤立知识的学习，对提升学生的审美素养非常有意义。这样做也符合当前提倡的群文阅读的理念，有助于培养学生通过收集资料更好地赏析文学作品的能力，是将提升学生审美素养落到实处的一个重要表现。

第一部分

文本解读的两个指向和三个路径

在本书第一部分，将呈现并解读一篇小学课文——《去年的树》，以此说明如何对文学文本进行审美，并探讨文学赏析对提升学生审美素养的意义。

《去年的树》是一篇童话，作者是日本作家新美南吉，文章不长，辑录如下：

一棵树和一只鸟儿是好朋友。鸟儿站在树枝上，天天给树唱歌。树呢，天天听着鸟儿唱。

日子一天天过去，寒冷的冬天就要来到了。鸟儿必须离开树，飞到很远很远的地方去。

树对鸟儿说："再见了，小鸟！明年春天请你回来，还唱歌给我听。"

鸟儿说："好的，我明年春天一定回来，给你唱歌。请等着我吧！"鸟儿说完，向南方飞去了。

春天又来了。原野上、森林里的雪都融化了。鸟儿又回到这里，找她的好朋友树来了。

可是，树不见了，只剩下树根留在那里。

"立在这儿的那棵树，到什么地方去了呀？"鸟儿问树根。

树根回答："伐木人用斧子把他砍倒，拉到山谷里去了。"

鸟儿向山谷里飞去。

山谷里有个很大的工厂，锯木头的声音"沙——沙——"地响着。鸟儿落在工厂的大门上。她问大门："门先生，我的好朋友树在哪儿，您知道吗？"

大门回答说："树么，在厂子里给切成细条条儿，做成火柴，运到那边的村子里卖掉了。"

鸟儿向村子飞去。

在一盏煤油灯旁,坐着个小女孩。鸟儿问女孩:"小姑娘,请告诉我,你知道火柴在哪儿吗?"

小女孩回答说:"火柴已经用光了。可是,火柴点燃的火,还在这盏灯里亮着。"

鸟儿睁大眼睛,盯着灯火看了一会儿。

接着,她就唱起去年唱过的歌给灯火听。

唱完了歌,鸟儿又对着灯火看了一会儿,就飞走了。

从我听过的课及网上搜索的教案来看,几乎所有的教学都指向三个目标:

(1)体会小鸟与大树之间的友情。

(2)感悟诚信的意义。

(3)增强环保意识。

与讲《背影》指向"感恩父母""反思自我"一样,这三个教学目标指向了价值观教育而不是艺术赏析。可以想见,思品课和班会课如果用这篇文章做素材,讲这些内容,效果一定会很好。但如果语文老师也只讲这些内容,岂不是"荒了语文的田,种了其他学科的地"?那么,我们该如何对这篇课文进行审美解读呢?下图(见下页)表明了文学文本解读的方法与策略:"两个指向"——主题分析和形式分析,以及"三个路径"——"'向下走'——情感共鸣""'向上走'——高级审美""'向外走'——资料关联"。

总的来说,主题分析和形式分析是文本解读的本体,二者分别指向分析文本"表达了什么"及其是"如何表达"的;"'向下走'——情感共鸣""'向上走'——高级审美""'向外走'——资料关联"则是文本解读的具体方法。下面我们以《去年的树》为例,分别说明如何基于"两个指向"及"三个路径"对文学文本进行解读。

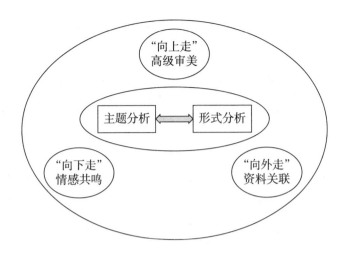

在开始解读之前,需要澄清一些重要的问题。有些教师看了《去年的树》的解读后可能会提出:只不过是一篇小学课文,要参考那么多资料进行解读吗?小学生能理解吗?

第一,这个解读是一个样例,先不论要讲给谁,它阐明了对文学文本进行解读的方法,这些方法可用于解读其他文本,包括初、高中的文学文本。《去年的树》蕴含高层次美感,对其进行解读必然需要关联大量资料,才能挖掘、呈现其多重多向的审美意蕴。事实上,这是对解读者审美眼光和文本解读能力的考验。能力不足的情况下,无论是小学还是初、高中课文,都不可能解读到位。所以,对文本进行审美解读,先不要问"为何这么麻烦""学生能不能听懂",而要问"我掌握文学文本审美解读的方法了吗""我能为学生提供高质量的文学文本解读吗"。

第二,质疑"小学生能不能听懂",背后的想法可能是"小学生不需要这样的高级审美分析"。如果我们认为孩子年龄小,没能力或没必要接受高级审美教育,那么,他们从何时开始"有必要""有能力"接受高级审美教育呢?事实上,两三岁的孩子看到动画片中的某个情节会感动地哭出来,会让妈妈反复读他们喜欢的读本,这些不都是被文艺作品感动,并且在进行审美吗?还有,就像一个孩子举止优雅、穿着得体,往往是对父母观察模仿、耳濡目染的结果,从小对孩子进行审美熏陶不是理所应当的吗?

第三，文本解读是教学的前提和基础，不能像宣读论文一样直接讲给学生，课堂上讲什么、讲多少、讲多深、怎么讲都要根据学生的实际情况进行权衡。这就像成年人和孩子都需要吃鸡蛋，成年人吃煮鸡蛋就可以，给孩子吃就要多花点心思，要考虑口味、口感、形状、颜色等，甚至喂他们吃的时候还要哄一哄、逗一逗。

本书"附录"部分呈现了《去年的树》的教学设计，从中可以看到，我们根据学生的年龄特征——包括兴趣、经验、认知水平——通过举例、提问、交流对文本解读进行了转化，将其审美意图落实到教学中。我和其他教师曾基于该设计进行实际教学，都获得了不错的效果，证明该设计有可操作性。

此外，本书第二部分每篇文章的解读都辅以关键问题，这些问题是教学的驱动，也是文本赏析的具体线索，同样有助于落实文本解读的审美意图。下面的"主题分析——升华及深化"中探讨了主题升华的合理性问题，后面的"'向外走'——资料关联"部分分析了如何判别过度解读。读者可参阅这些内容并结合上述三个方面的分析，更好地理解文本审美解读的方法和策略，并基于教学实践的要求准确把握文本解读的广度和深度。

一、文本解读的两个指向

（一）主题分析——升华及深化

十个树根摆在雕刻家面前，可能只有一个能成为艺术品，这有赖于它存在成为艺术品的"潜质"。很多人认为《去年的树》讲的是"友谊、承诺、环保"，这是人的第一反应，就像看到了一个树根，但此主题更具道德宣教意味，审美层次较低，审美意蕴单薄。如果《去年的树》是一个好的文学作品，就必然蕴含较"友谊、承诺、环保"更深刻、更具升华性的主题，并因此蕴含更高层次的美感，给人带来更多的感动及更深的领悟。这意味着，对《去年的树》的主题进行升华、深化就像对树根进行艺术加工，藉此揭示文本的文学意味与美感。

1. 更具审美价值的主题——"逝去与无常"

树和鸟儿是好朋友，树为鸟儿遮风挡雨，鸟儿天天给树唱歌，日子一天天过去，这一切是那么美好。但是，冬天要来了，鸟儿"必须"离开，他们相约明年再见。第二年春天，鸟儿如约回来了，可是，树不在了，只剩下树根！树在哪儿呢？鸟儿一路追寻，也看到大树"一次次地消逝"——由木材变为木条、变为火柴，最终变成一小束的火光。鸟儿"找到"了树，可也永远"失去"了树。树及他们美好的相处终究"逝去"了，未曾预料、不可阻挡，真是"无常"①啊！基于此，对《去年的树》而言，"逝去与无常"是一个艺术性的、富含高级审美的升华性文学主题。

从下面的分析我们可以看到，"逝去与无常"不是为了升华而升华的主题，它的生成具有坚实的基础及明确的合理性。"逝去与无常"指向世界的本质与真相，是人们生活、生命中的重大议题，是每一个人都会有的人生际遇。从文学视角看，"逝去与无常"有深刻的文化背景，承载了悠长、隽永的情意，是文人心心念念的文学主题。例如：

- 悲哉！秋之为气也。萧瑟兮草木摇落而变衰。(《楚辞》)
- 昔我往矣，杨柳依依。今我来思，雨雪霏霏。(《诗经》)
- 逝者如斯夫！不舍昼夜。(《论语》)
- 江畔何人初见月？江月何年初照人？人生代代无穷已，江月年年只相似。(张若虚《春江花月夜》)
- 去年今日此门中，人面桃花相映红。人面不知何处去，桃花依旧笑春风。(崔护《题都城南庄》)
- 锦瑟无端五十弦，一弦一柱思华年……此情可待成追忆，只是当时

---

① "无常"是一个佛教词汇。佛教认为，因缘产生的当下即开始变异，而一切事物皆走向生、住、异、灭的道路。树与鸟儿相遇相知的那一刻是"生"，它们的相伴与友谊经过"住"——发展和维持，"异"——变化与衰微，必然走向"灭"——消逝与空无。

已惘然。(李商隐《锦瑟》)

- 庭有枇杷树,吾妻死之年所手植也,今已亭亭如盖矣。(归有光《项脊轩志》)
- 我的日子滴在时间的流里,没有声音,也没有影子。我不禁头涔涔而泪潸潸了。(朱自清《匆匆》)
- 我的心禁不住悲凉起来了。阿!这不是我二十年来时时记得的故乡?……我所记得的故乡全不如此。我的故乡好得多了。(鲁迅《故乡》)

这些文字能成为文学经典,一个重要原因在于它们都指向了"逝去与无常"。在后面"'向上走'——高级审美"中会提到,美感有生理、精神、灵魂三个层面,最高级的审美触及灵魂,"逝去与无常"这个主题关乎世界与人生的真相,人们因此获得多重、多向的感悟,由此获得灵魂层面的满意。

2. 作者的人生经历——现实中的"逝去与无常"

我们来看《去年的树》的作者新美南吉的人生经历。新美南吉一生创作了120余篇童话,其中不少作品以分离、悲伤、死亡为主题,具有很强的悲剧意味,如《小狐狸阿权》《张红伦》《蜗牛的悲哀》《巨人的故事》等。新美南吉1913年出生于日本爱知县,这个家庭充满了不幸,他的哥哥出生18天后就夭折了,母亲自他出生后就一直病弱,在他4岁时离开了人世。父亲再婚后,由于新美南吉与继母的关系很不融洽,他被送到外婆家。但孤独麻木的外婆未能给他关心和疼爱,不到半年新美南吉又回到父亲家里。新美南吉上中学时对文学产生了兴趣,中学毕业后一边做小学代课教员,一边向儿童杂志《红鸟》投稿。1932年新美南吉考取东京外语学校英语科,同年,其成名作《小狐狸阿权》发表于《红鸟》杂志。1935年,有人要为新美南吉出版童话集,他一口气创作了30余篇风格独特的童话,可最终出版一事却付诸东流。1936年毕业后,新美南吉教书的愿望没有实现,去了一家贸易商会工作,后因病重返回家乡。1937年,新美南吉任小学助理教员,之后在一家商会任职。1938年,新美南吉终于成为县立安城女子高中的教员,可以在安定的生活中进行创作。可惜这样的日子仅仅过了四年，他就因肺病开始大量咳血。1943年3月，新美南吉离开了人世，年仅30岁。①

新美南吉的人生经历不就真真切切体现了"逝去与无常"吗？新美南吉的生命中也有温情、希望、承诺，但结局大都是破灭、丧失、无果。他在日记中写道：

- 那充满悲伤的文章或许是我前世就与生俱来的吧。所以我不会摒弃这样的写作。
- 果然，如果没有悲伤，故事就不是故事，因为悲伤才有爱。……我要写包含悲伤，也就是充满爱的故事。
- 我想继续参读《法华经》。打算相信佛的世界。
- 在喜悦悲伤的彼岸有着人类无法认知的美。我毕生都会将这样的悲伤传递下去。
- 在我的作品里，蕴含着我的天性和远大的理想。……假如几百年、几千年后，我的作品能够得到人们的认同，那么，我就可以从中获得第二次生命！从这一点上来说，我是多么幸福啊！

新美南吉基于对佛教的亲近和领悟，对自己的人生经验进行了升华，并藉此获得对生命更透彻的感悟与释然。《去年的树》"逝去与无常"的主题就体现了此感悟与释然，它既是文学主题的升华，也是生命的升华。经过这样的升华，我们得以从更高的视角俯瞰生命中的苦难，世界和人生的真相，生成更纯粹、更深刻的感动。

3. 主题升华的基础

就像天上的云朵是由地面的水汽蒸腾而成，文本的主题升华需要基

---

① 参见戴彦：《浅析母爱缺失对新美南吉创作的影响》，《三峡大学学报（人文社会科学版）》2013年第2期。

础——调动现实经验。新美南吉的生活经历即为《去年的树》进行主题升华奠定了基础，这对激发学生的情感共鸣、加深学生对文本的理解很重要。调动现实经验有两个指向：一是把作者用抽象文字表达的内容转化为具体形象并呈现给学生，如讲解描写三峡的文章时，给学生展示三峡的影像；二是唤起学生的人生经验，如讲《去年的树》时，让学生体验自己或他人经历的别离，以及重要事物的丧失。需要指出的是，这样做会面临以下三个方面的挑战：

第一，希望通过还原真实事件或场景激起学生的共鸣，有时其效果很可能是有限的。例如，讲山水文时为了让学生获得感性经验，配上有关山水的图片、视频，藉此让学生感动于山水之美并进行主题升华，如"知者乐水，仁者乐山""寄情自然"，但这其实是很困难的，因为无论图片、视频多么逼真，都会比亲眼所见的效果差很多。

第二，真正的"感同身受"很多时候并不存在。比如，在某网络选秀节目中，一位选手讲述自己遭受网暴的痛苦，A导师劝慰他："我理解你，但你这不算什么，我被骂得比你惨多了。"B导师打断A并说道："你这是站着说话不腰疼，你不能跟痛苦中的人讲，你那个不痛，我这个才痛。"是啊，我们真的可以对他人的悲喜感同身受吗？学生在多大程度上能对课文中的事件和场景产生共鸣呢？可以自问，对于每篇课文中的事件和场景，我们作为教师又在多大程度上能够感同身受？

第三，个体的"情绪保护"机制会抑制学生的情感反应。情感反应需要耗费精力，个体会本能地抑制对各种事件和场景的情感反应，否则会陷入精神疲劳乃至崩溃。例如，一个医学生毕业刚进入医院时，一定会为目睹的各种"人间疾苦"感到痛心，但他必须渐渐淡化这样的情感反应，否则会形成巨大的精神内耗。可以想见，通过还原课文中的事件、场景让学生形成体验和情感共鸣，很可能会触发其"情绪保护"机制，从而抑制其体验的深刻程度。

由于上述三个因素的影响，很多教师发现，自己在语文课上已经尽力调动学生的经验，可学生还是无动于衷，主题升华、深化更是无从谈起。我们既要认识到调动经验的必要性，也要理解其局限性。审美是基于经验又超越经验的精神活动，具象经验是主题升华的途径，但不是唯一途径，甚至不是最重要的途径。例如，课文《垓下悲歌》刻画了传奇、悲剧、热血、浪漫的英雄项羽死前的经历，这离学生的经验实在太遥远，但他们仍然可以也应当从作品中获得升华性的审美体验。此外，当我们看到描写"英雄迟暮，美人白头"的作品，可能任何经验还未来得及调动的时候，就会生成极深的难以名状的感慨，如同站在山顶看到日出的那一刻无意识地感动落泪，此时很难说清楚哪些具象经验在支持这样的情感升华。因此，我们应相信个体有生成升华性体验的本能，有意识地引领学生通过主题升华超越生活感动达致审美感动，生发更超然、更纯粹的审美情感。

4. 作家实现主题升华的手段

记录新美南吉人生经历的文字和《去年的树》哪个更让人感动呢？我认为二者同样感人。人们会本能地对新美南吉的人生际遇生发同情和怜悯，但《去年的树》提供超越本能的、高层次的审美感动，因为后者蕴含着升华性的、更具美感的文学主题。那么，新美南吉是如何表达"逝去与无常"这一升华性的文学主题的呢？我们来看《诗经》中《采薇》这首诗。该诗呈现了一位戍边多年的士卒归家途中的所见所感，其中有这样两句："昔我往矣，杨柳依依。今我来思，雨雪霏霏。"这首诗指向战争之困苦与思乡之愁绪，但作者为何要在诗中写杨柳和雨雪？想象一下，当我们身处森林之中，因为周围密集的树的遮挡，能看到的事物是极有限的。与此类似，学生读记录新美南吉生平的文字，面对具体的人、事、环境，生成的体验和情感也很可能是有局限的（参见上面分析的基于经验的主题升华的困难）。为了解决这个问题，作家写作时祭出一个人们都能看见也都能看懂的事物，如森林之上、天空之中的一轮明月，并将自己的感情投射到这个事物上。这样的创作手法为文本主题的升华提供了可能性，因为千千万万人都能看到高远、皎洁的月亮，而且它可以反射森林中树木的影像，人们能从月亮上看到更多的内容并产生无限的遐想，就像想象月亮中的广寒宫、玉兔、嫦娥一样。

《采薇》中的杨柳、雨雪是这轮明月，《静夜思》中举头所望的是这轮明月，还有《赤壁赋》中的清风、《红楼梦》中的葬花、《金色花》中的花影和耳语、《雷雨》中的惊雷和暴雨是这轮明月，当然，《去年的树》中的大树、鸟儿和点燃的灯火也都是这轮明月。《去年的树》中的角色、事件、环境是虚构的，这样的虚构如同祭出一轮明月，升华性的主题——"逝去与无常"——被投射在它上面。面对《去年的树》，发现、感受其"逝去与无常"的主题，就是抬头看向了月亮。不同时代、不同地域的人们都曾将相似的心意投射于此，由此我们不仅看到了一时、一地、一个人的情意，更看到了亘古不变的、千千万万人的情意。这情意如月之清辉源源不断地洒向人间的每一个角落，只要品读《去年的树》并领会其"逝去与无常"的况味，这束月光就照拂在读者的心灵之上。本质上，这是借景抒情的文学创作手法，是蕴藉地表情，这对文学主题的升华及高级审美意蕴的生成有重要价值。

主题升华、深化有两个极为重要的依据——指向人类的基底情感与文学母题。① 傅庚生说："人类之思想，固与时俱进，向之所以为新奇者，旋已变为陈腐；而人类之感情则今古终无大异，枝节之处虽小有变迁，其大本大源，未见歧背也。"② 有一些永恒存在、永远重要的生命主题，这些主题激起了人们"今古终无大异的感情"，即基底情感。前述多个文学作品都在表达对"逝去与无常"的慨叹，后面"'向外走'——资料关联"部分分析的《古诗十九首》中每一首诗的主题也指向了"逝去与无常"。叶嘉莹指出，《古诗十九首》之所以能享有千古常新的极高评价，正因为它们所写的是"人类心灵深处最普遍也最深刻的几种感情上的基型"③。叶嘉莹所说的感情上的基型也就是基底情感，而"逝去与无常"就是这样的基底情感。

一般而言，永恒、重大的主题会成为文学母题，母题意味着人类的思想

---

① 有关"基底情感"参见赵希斌：《正本清源教语文——文本的内容分析策略》，华东师范大学出版社2014年版，第69—96页。有关"母题"参见赵希斌：《追根溯源教语文——文本的背景分析》，华东师范大学出版社2017年版，第152—155页。
② 傅庚生：《悲喜与同情》，载《百年经典文学评论（1901—2000）》，长江文艺出版社2004年版，第347页。
③ 叶嘉莹：《迦陵论诗丛稿（修订本）》，河北教育出版社1997年版，第129页。

和情感被结构化、类型化，每个文本看似独特的主题往往可以归类属于某个母题。《去年的树》蕴含的"逝去与无常"就是文学中永不湮灭的一个重要母题，永远引发人们的感动和思考，给人们带来深刻的、超越性的启发与感悟。

5. 不是每一个文本的主题都能被升华

需要指出的是，并不是每一篇课文都可以生成超越性的主题。例如，林海音的自传体小说《爸爸的花儿落了》是很多人喜欢的一篇课文，该文细腻地展现了父女二人相处的珍贵瞬间，真挚地表达了女儿对父亲的思念和对父爱的眷恋。文章紧密贴合了人们与父母相处的人生经验，艺术地构建了"爸爸的花儿落了"这一意象，生发言有尽而意无穷的审美意味。《爸爸的花儿落了》是否蕴含超越性的文学主题呢？文中"爸爸的花儿落了，我已不再是小孩子"之语，是否指向了"成长""父爱的逝去""人生保护与安全感的破灭"？我认为，该文并不支持生成这样的文学主题，因为没有资料支撑这样的主题升华，或者说，在没有获得足够多的高质量资料时，尚不能进行这样的主题升华。而朱自清的《背影》同样是描述父子互动的，却有超越"父爱""感恩父母"的升华性文学主题，而这样的解读和主题升华是以扎实的资料为基础的。本书第二部分解读《背影》时呈现了一篇以"母爱"为主题的感人的文章——《舍得》，该文表现了母亲高尚的品格及其对作者"万全的爱"[①]。与《爸爸的花儿落了》一样，该文同样不支持主题的升华，这也是其审美内涵及审美意蕴弱于《背影》的重要原因。

总之，并不是每个文本的主题都可以升华。文本解读不能为了升华而升华，更不能进行不合理的升华。主题升华是为了显现文本更高层次乃至触动灵魂的美感，此美感是文本本身所蕴含的而不是人为强加的。

综上所述，文本主题的升华、深化要考虑两个方面：一是价值和意义，即升华、深化的主题应指向深刻、隽永的民族心理与文化积淀，其中往往蕴

---

① 见冰心散文《"无限之生"的界线》及诗歌《繁星·春水》九五。

含文学母题及人类共同的基底情感。《去年的树》"逝去与无常"的主题就体现了这些内涵，因此具有很高的审美价值。二是合理性，即主题的升华、深化需要特定的条件和基础。《去年的树》作者的生活经历，以及后面分析的"'向上走'——高级审美"和"'向外走'——资料关联"的相关内容，都为《去年的树》的主题升华为"逝去与无常"提供了条件，奠定了基础，显示这一主题的生成具有相当高的合理性。

（二）形式分析——形式即内容

《去年的树》显示出"客观化"样态，作者以平静乃至平淡的文字形式描述所发生的一切——鸟儿面对树的逝去及其在辗转寻找树的过程中，似乎完全没有表现出任何情绪，文本的情节同样进行了极简化处理，表现出写意、寓言和象征的意味。这样的形式很独特，也很动人，是文本解读时不可忽视的。下面的分析显示，对文本的形式进行分析是感受文本艺术魅力的关键，与学生文学审美修养的提升密切相关。

"形式"指"事物内容的组织结构和表现方式"。文本解读中的形式分析，就是分析作者用怎样的形式组织文字以表情达意，以及文本因此呈现怎样的面貌和意味。解读文学文本，关注其抒发怎样的情意当然重要，如何抒发情意同样重要！同样的主题、内容，以不同的形式书写就会展现不同的情意，读者的感受也会有差异。例如，前几天看到一句歌词："我不在你的左右，却依然被你左右。"我们能感受词作者不是随意置放这些文字的，这样的文字呈现特定的形式，传达了丰富、细腻且与众不同的情感。

想象一下，大熊猫没有了黑眼圈，或失去了圆滚滚的身形，还会那么可爱吗？特别需要思考的是："黑眼圈"和"圆滚滚的身形"，是"可爱"的形式抑或是"可爱"本身？我们是否可以说：它们既是可爱的形式，同时也生发了可爱的意味？同样，有一些外文歌曲，我们听不懂歌词却仍会被深深地感动，我们欣赏的是歌曲内容还是歌曲形式？还有，无数书法作品写的都是"宁静淡泊"，我们是否会说，这个内容我看了很多次，这个作品不用看了？

如果这是一幅优秀的作品，我们会再次细细品赏，那么品赏的重点是什么？应该是书写这四个字的"形式"吧。这些例子提醒我们：艺术的形式提供独立的审美价值，形式与内容是一体的，甚至可以说，形式就是内容。

事实上，对艺术作品而言，形式有时比内容更重要。阿奎纳在其《哲学与神学》一书中指出："内容与形式的关系是这样的：形式让内容得以生存，因此，内容不可没有形式，但形式却可以独立于内容而生存。"[①]文学具有无可替代的审美价值，就在于它在形式上与其他精神产品有不同之处，在这个意义上，文学文本分析的关键就是形式分析。教学中很多文本解读不到位，未能呈现文本的审美意蕴，一个重要的原因是教师无力或忽视对文本进行形式分析。此外，中国文学有文以载道的传统，很多语文课会上成政治课、历史课、班会课，一个重要的原因就是文本解读聚焦于内容、主题而忽视了艺术形式的分析。因此，我们在解读文学文本时，要从只分析作者"写了什么"转向同时关注作者是"怎么写的"。

《去年的树》的主题是"逝去与无常"，作者构建了若干文学意象以抒发对这个主题的情思，包括树、鸟儿、鸟儿给树唱歌、树听鸟儿唱歌、他们相约来年再见、鸟儿返回并一次次地寻找树、给变成灯火的树唱歌，等等，这些意象及其组织方式既是该文的内容，也是该文的形式。总的来说，《去年的树》呈现两种文字形式——"寂"和"幽玄"。下面对这两种形式进行分析，并在此基础上体味其审美意蕴。

1.《去年的树》"寂"的形式

胡应麟评王维诗："读之身世两忘，万念皆寂。"此评中的"寂"提示一种非常高级和深刻的审美感受。"寂"也是日本文艺审美的核心之一，多在俳谐和茶道的所谓"风雅之道"中表现出来。[②]"寂"有两个关键内涵——"空寂"和"宿""老""古"，前者强调"空、无"，后者强调"过往"。

---

① 转引自毛思慧、方开瑞：《新视角：当代文学文化研究》，华南理工大学出版社2000年版，第71页。
② 有关"寂"的分析参见大西克礼：《幽玄·物哀·寂——日本美学三大关键词研究》，王向远译，上海译文出版社2017年版，第149—313页。

空 寂

"空寂"的核心语义是虚空、寂灭，与其近似的词还有"孤寂""闲寂""寂静"。《去年的树》在文字形式上给人以"空寂"之感：鸟儿在春天返回后发现树不见了，面对这样的虚空和寂灭，她"静静地""默默地"予以应对，没有呼号和抱怨，内心似乎也没有痛苦和波澜。树和鸟儿美好的相处就像一场梦，梦醒后这一切都消失了，更准确地说，一切似乎并没有真正存在和发生过。这很像《金刚经》所说："一切有为法，如梦幻泡影，如露亦如电，应作如是观。"树与鸟儿美好的相遇、相知是虚幻的，是水中月、镜中花，如幻象一般出现又迅速消失——这不就是"寂""空寂"吗？

鸟儿面对树的逝去为何如此平静乃至平淡？这会让人想到：鸟儿看到树不在时就迅速接受了这个事实，甚至，她已经预见了此事的发生，抑或已有的经验告诉她，这样的逝去、寂灭是常态，是世界的真相。树没有实现诺言，没有与鸟儿面对面地告别，这一切对鸟儿来说不好也不坏，因为世界就是这个样子。前文呈现了新美南吉的人生经历，他幼年时失去母爱，缺失家庭温暖，生活动荡不安，这些不就是丧失和空无吗？他一口气创作了30余篇童话，可是出版一事却付诸东流，这不也是丧失和空无吗？他终于当上高中教员，可以在安定的生活中进行创作，可惜这样的生活只有四年，这不还是丧失和空无吗？也许新美南吉在最初面对丧失和空无时还会痛苦、愤怒，但这样的经历多了，尤其是在他近佛之后，很可能明了丧失和空无是人生的常态和真相，此时他很可能也会作出具有"空寂"意味的反应，就像他笔下的鸟儿那样。

苏轼在《送参寥师》中写道："欲令诗语妙，无厌空且静。静故了群动，空故纳万境。""空且静"，不就是"空寂""寂静"吗？因为"空"，万般的事、景、境被纳入；因为"静"，各种行动、心动被感受。《去年的树》以"空寂"的文字形式匹配、表现"空寂"，简单、冷静的文字中蕴藏了充实的大意味，让人"于无声处听惊雷"，真是撼人心魄！张彦远在《历代名画记》中说："凝神遐想，妙悟自然，物我两忘，离形去知，身固可使如槁木，心固可使如死灰"。《去年的树》的文字不正呈现了类似"枯槁""死灰"的形式？这样的形式构成了"空寂"的背景，使得浮于其上的"逝去与无常"更触目惊心！

"宿""老""古"

"寂"的第二层含义是"宿""老""古"。随着时光的流转，世间万事万物包括人的思想和情感都在变化，很多东西消逝、寂灭了，很多东西也显露、沉淀下来——这即是"宿""老""古"。想象一下，大学毕业时，同寝室的同学聚餐后各奔东西，他们按照离开的顺序逐个地、一次次地送别同学。小王最后一个离开，送走所有同学回到宿舍，坐在自己的床铺上环顾四周，会发现曾经的同学以及一起上课、游戏、聊天、游玩都成了"过往"，都"不在""湮灭"了。同时，四年相处结成的友谊和难忘的生活点滴在这一刻定格，永远留存下来，像是挂在墙上终将泛黄的照片——这些都是"宿""老""古"。

对此大西克礼指出：俳谐也受到佛教思想、老庄思想很大的影响，俳谐所具有的"自然感情"或"世界感情"，会在千变万化的自然现象中看出千古不易和寂然不动的东西。通过把握和展现自然之姿，呈现一种强烈的、形而上学的、万古不易的、寂然不动的预感。俳谐使用极度单纯化的、精练的艺术手法，力图把握直观体验中的世界的真实性。通过对自然简直的刻画，把形而上学的、超现实的"预感"或者类似于"投影"的东西，隐晦地加以暗示。俳句漠然的神秘的方式，构成了一种枯淡的背景，其中蕴含的万古不易、寂然不动的形而上学的东西就会显得更加突出和重大。

这是对《去年的树》极好的阐释。"逝去与无常"是一种普遍的、基底的、亘古不变的"世界感情"，它如大西克礼所说"万古不易、寂然不动"，体现了世界的本真与真相，而"万古不易、寂然不动"即是"宿""老""古"表现的意味。俳谐的文字形式是"极度单纯化的、精练的"，《去年的树》的文字形式不就是这样的吗？基于这样的形式，文本对世界的本真与真相形成"简直的刻画"，同时给人以"淡漠""神秘"之感，文本中的情节和鸟儿的言行就是这样啊!

"宿""老""古"的文字形式同样为文本构建了上面所说的"枯淡"背景,使得文本要表达的"万古不易、寂然不动"的情感更加醒目。有趣的是,大西克礼提到的"超现实的'预感'""投影",与我们前面分析的写作手法——作家为了表达升华性的主题而"祭出月亮"不谋而合。"月亮"就是大西克礼所说的"形而上学的东西",也即一种特定的形式。《去年的树》中鸟儿的冷静甚至冷漠的表现,以及她重复地、一次次地"问和寻"就是特定的形式,上述小王一次次地送走自己的同学也是特定的形式,这些形式是"形而上"的,它们具体又抽象地表达了特定的情感。

2.《去年的树》"幽玄"的形式

"幽玄"是日本中世纪形成的一个审美范畴,指在呈露自然美的过程中,所用的"词"和"义"都超凡脱俗,从而使读者进入崇高悠远的境界。"幽玄"的关键是将抒情与写景紧密结合在一起,因此形成一种"自然美"的体验。[①] 日本文艺理论家藤原公任将和歌分为九个品级,最高品级的例子是:

- 明石海湾朝雾中 / 小岛若隐若现 / 仿佛一叶扁舟
- 只缘新春来 / 云雾缭绕 / 吉野山面目朦胧

藤原公任对这两首和歌的评价是"用词神妙,心有余也"。"有余"即有幽玄之意,其关键是"若隐若现"和"朦胧"。日本歌者正彻在《正彻物语》中写道:

若要问"幽玄"在何处?在心中是也。岂能是心中清楚明白并能付诸言词的东西呢?只是表白,如何能够称为"幽玄体"……若有人问"幽玄"在何处?这一问恐怕就已经不再"幽玄"了。

[①] 有关"幽玄"的分析参见大西克礼:《幽玄·物哀·寂——日本美学三大关键词研究》,第3—60页。

很多情感不可明说、不能明说，只能以蕴藉的方式表情达意，因此，"幽玄"非常接近中国文学审美中的"蕴藉"。日本学者大西克礼指出"幽玄"的七个审美特征：第一，"幽玄"意味着审美对象被某种程度地掩藏、遮蔽、不显露、不明确，追求一种"月被薄雾所隐""山上红叶笼罩于雾中"的趣味。第二，"幽玄"是"微暗、朦胧、薄明"，这是与"露骨、直接、尖锐"等相对立的一种优柔、委婉、和缓，显现对事物不追根究底、不要求说得一清二白的舒缓和优雅。第三，"幽玄"是寂静和寂寥，就像面对着秋天的日暮，会有一种不由自主地潸然泪下之感。第四，"幽玄"呈露"深远"感，这种深远感不单是时间与空间的距离感，而且具有一种精神上的意味，它往往意味着审美对象所含有的某些深刻、难解的思想。第五，"幽玄"具有"充实相"，即"幽玄"的形式虽然虚空飘逸，但其精神实质是充实、厚重的，有巨大的感染力。第六，"幽玄"具有神秘性或超自然性，是与"自然感情"融合在一起的"宇宙感情"。第七，"幽玄"具有一种非逻辑的、不可言说的意味，是飘忽不定、不可言喻、不可思议的美的趣味。

我们来看《去年的树》中富有"幽玄"意味的文字形式：

- 树和鸟儿是好朋友，但作者没有说明他们是如何相识、怎么成为朋友的。
- 他们美好的相处只用一句话带过——鸟儿"天天给树唱歌"，树"天天听着鸟儿唱"。
- 树和鸟儿的分别也是极简的，只有一句来年再见的约定。
- 分别的那个冬季，鸟儿和树如何生活完全没写。
- 鸟儿如约回来后只看到树根，作者完全没写鸟儿面对此情此景的心情和言行。
- 鸟儿问树根、工厂的大门、小女孩树在哪里并寻迹而去，这个过程重复了三次，作者对每次"问、寻"的描述可谓极简，完全没有表现鸟儿的情绪。
- 最后，鸟儿对着灯火唱起了去年的歌，这里有了一点较为细致的描写——鸟儿"睁大眼睛""盯着灯火""又对着灯火看了一会儿"——但结局又归于枯淡：鸟儿做完这一切，"就飞走了"。

这样的文字形式使《去年的树》散发出"幽玄"气息，完全符合上述"幽玄"的七个审美特征，给人时断时续、欲言又止、似有似无的感觉，显示出独特的美感与超现实意味——幽雅、含蓄、朦胧、深邃、神秘、冷寂、空灵。一个有趣的问题：如果我们给《去年的树》添加背景和细节——把前因后果、情节环境讲清楚，加强对鸟儿的行为和心理描写——会怎样？可以确定的是，这个"细节化"的文本给人的感受一定与《去年的树》不同，很可能会使其"幽玄"之美丧失。

3. 一个声乐形式分析的启示

基于上述分析可见，理解文本的形式对感受其文学美感有多重要。下面我们来看一个声乐分析——2023 年 5 月，网名"Michael 的小辫子"的声乐专家在网络上发表了《〈青藏高原〉演唱难度是什么水平？为什么很难被翻唱？硬核分析！》一文。"他山之石，可以攻玉"，此声乐分析完美地体现了形式分析对审美体验的价值，体现了乐评人的高度专业性。其与文本的形式分析在本质上是相通的，我们非常希望语文教学中的文本形式分析也能达到这样的水准。下面是该声乐分析的部分内容：

十级声乐曲目，中文魔王难度，Ab5 强咬字，B5 点触，韩红 Live 也需躲高音。20 多年来，全国仅有三人具备有质量演唱《青藏高原》的能力：李娜、谭晶、韩红。

翻唱第一环：声音条件。主要体现在音域的广度、音区的高度、调式的还原三点。《青藏高原》的音域广度是两个八度，高水平要求但非天花板；音区的高度是 B3–Ab5，这就属于人类音域天花板的难度水平；调式为高八度 E 调，音色为基于真声听感的五组高音咬字，加上中文咬字的难度附加，达到了咬字的顶级难度。

翻唱第二环：音色、音域、腔体的技巧性。在《青藏高原》的高音区要求下，五组的真声听感咬字永远比假声听感咬字更难，也更好听。李娜的原版对于音色的运用是一种混合态：中低音区音色具有混声的自然雏形听感，但在高音区又切入了山歌的腔体形式，以咽壁的咽音芯体对抗为主，而在超高音上，又偏向于混声头声的弱化哼鸣点触，其中的难点是藏族山歌唱法，或者说咽音的通俗演义。谭晶的翻唱民族唱法的韵味非常浓郁，尤其是超过低喉位后，次高音区和高音区基本上就是山歌的民族咽音为主，这也导致谭晶在维也纳演唱《青藏高原》时出现了音色割裂，低音的低喉位通俗唱法和中高音的民族唱法听感不是很统一。

翻唱第三环：情感的艺术处理。翻唱的难点是突破原创，在这一点上韩红做到了。韩红将流行化赋于《青藏高原》，编曲从浓郁的山歌民族风，改变为新时代的摩登流行风，其审美进步巨大。鼓点、钢琴、吉他、风铃等现代摩登流行配器让民族性和世界性完美融合。凭借这一点，韩红成为《青藏高原》的新代言人。除了编曲，韩红的唱法也做了大量的流行化处理——演唱的旋律美感直接拉满，声带边缘化、弱化、平衡混和强混的层次感堪称完美。李娜的原版凸显山歌的颗粒感，韩红更为注重流行化的声线旋律美感和丝滑度，这是流行唱法的灵魂，也是民族唱法的弱项。

这个例子中虽然有很多我们陌生的术语，却可以让我们更容易看清楚文艺作品形式分析的价值。对不同的演唱者来说，《青藏高原》的内容是一样的，但表现"形式"是不一样的。该歌曲是否演绎得成功，本质上取决于这些"形式"。这样的专业解析是"外行看热闹，专家看门道"的典型体现，一定会让人们在听音乐时获得多重感受与领悟——"原来如此""是这样啊"！由此从"知其然"达致"知其所以然"，并在此基础上实现真正的艺术审美。

4. 文本形式分析的两个方面

总的来说，文学文本的形式分析包括两方面：一是宏观层面的文章架构，二是微观层面的遣词用句。

我们来看一个文本宏观层面形式分析的例子——曹禺对其作品《日出》的反思评价①：

写完《雷雨》，渐渐生出一种对于《雷雨》的厌倦。我很讨厌它的结构，我觉得有些"太象戏了"。在技巧上，我用的过分。……过后我每读一遍《雷雨》便有点要作呕的感觉。我很想平铺直叙地写点东西，想敲碎了我从前拾得那一点点浅薄的技巧，老老实实重新学一点较为深刻的。我记起前几年着了迷，沉醉于契诃夫深邃艰深的艺术里，一颗沉重的心怎样为他的戏感动着。读毕了《三姊妹》……在这出伟大的戏里没有一点张牙舞爪的穿插……结构很平淡，剧情人物也没什么起伏生展，却那样抓牢了我的魂魄。我几乎停住了气息，一直昏迷在那悲哀的氛围里。我想再拜一个伟大的老师，低首下气地做个低劣的学徒。……于是我在写《日出》的时候，我决心舍弃《雷雨》中所用的结构，不再集中于几个人身上。我想用片段的方法写起《日出》，用多少人生的零碎来阐明一个观念。

曹禺冒着"平直板滞"的危险也要放弃原来的写作技法，为什么？原来的技法是怎样的？为什么让曹禺感到厌倦？曹禺说《雷雨》技巧用得过分，体现在什么地方？作者提出的这些问题也是我们对《雷雨》进行形式分析需要关注的问题。由曹禺的这个反思可见，作家对宏观层面的文章架构进行顶层设计，包括诸如叙写的视角、事件呈现的顺序、文学形象的设立、文本的风貌，等等。我们在对文本的形式进行分析时，要关注作者在宏观层面上的这些安排和设计。

我们再来看文本微观层面形式分析的例子——贾平凹在《好的文学语言的七张面孔》②中谈怎么把事情写得生动：

---

① 曹禺：《怎样写〈日出〉》，载《名家论写作》，内部资料1979年版，第32页。
② 《收获》微信公众号，2023年6月26日。

如发生，就是发了、展了、生了，现在人说发生，常说：发生了事故。我写了"三月去山东，春正发生"。如团结，我写"屋檐下有蜂团结"。如糟糕，我写了"冬天里，土疙瘩冻得糟糕"。

在该文的"具体谈如何搭配"部分，贾平凹说：

要有质感。树皮是树皮的感觉，丝绸是丝绸的感觉。这种感觉在视觉上要舒服。往往有些字搭配在一起，看着舒服，有的看着别扭。还有听觉，要听起来舒服。看着和听着舒服的语言常常就是人说的"这语言有味道"。味道是中国人对一种东西的肯定，就是有了独特的东西能引起注意。（实际上好的文学作品就是掌握个味儿。）在搭配时，你首先要把握表达情绪，然后再注意所选用的文字和词句，中国文字是象形文字，有些文字就存在质感，你不能把一堆太轻的字用在一起，也不能把一堆太重的字用在一起。再是要搭配出节奏。这些都是很玄的事，无法用语言在这里讲出，需要自己去体会。

由此可见，文学创作要字斟句酌，这同样是文本形式的体现。我们在品赏文学文本时，就要琢磨其用字用句，仔细体会这些字句在情绪情感上的"味道"。法国大作家福楼拜曾这样教育其弟子莫泊桑："某一现象，只能用一种方式来表达，只能用一个名词来概括，只能用一个形容词表明其特性，只能用一个动词使它生动起来，作家的责任就是以超人的努力寻求这唯一的名词、形容词和动词。"[1]中国古诗词创作有悠久的炼词炼句的传统，诗人词人为了炼字炼句煞费苦心[2]，可谓"吟安一个字，捻断数茎须"（卢延让《苦吟》），"两句三年得，一吟双泪流"（贾岛《题诗后》），"为人性僻耽佳句，语不惊人死不休"（杜甫《江上值水如海势聊短述》）。对炼字炼句的赏析给

---

[1] 福楼拜：《包法利夫人》，李健吾译，人民文学出版社1989年版，前言第10页。
[2] 参见赵希斌、杨思航：《中小学古诗词评点及教学建议》，华东师范大学出版社2019年版。

人以极大的审美愉悦，如清代况周颐说："乃精益求精，不肯放松一字，循声以求，忽然得至隽之字。或因一字改一句，因此句改彼句，忽然得绝警之句。此时曼声微吟，拍案而起，其乐何如。虽剥珉出璞，选薏得珠，不逮也。"（《蕙风词话》）

需要强调的是，"形式即内容"既说明形式分析的重要性，也说明形式与内容密不可分，对文本形式的分析一定要与作品的内容、主题联系起来，要关注文本形式如何帮助作者实现创作意图。

相对而言，方法是形式，是工具，是为实现写作目标服务的，运用某种文字形式的合理性及其效果最终取决于作者想要表达什么。举例而言，一个书法家会写"恭喜发财"以展示其书法功力吗？即使这四个字写得鬼斧神工，能引起人们的感动与欣赏之情吗？唐代书法家颜真卿为追祭从侄颜季明，于唐乾元元年（758年）创作行书作品《祭侄文稿》（全称《祭侄赠赞善大夫季明文》）。该文追叙了常山太守颜杲卿父子、颜季明一门在安禄山叛乱时挺身而出，坚决抵抗，以致"父陷子死，巢倾卵覆"而取义成仁之事。这篇被称为"天下第二行书"的作品可谓"悲情所至笔凝噎，无心作书化血泪"，234字中就有30余个涂抹过，尽显颜真卿用情之深，字里行间浸透了极度的痛苦与悲愤。元代陈绎曾在《跋颜真卿〈祭侄稿〉》中写道：

右鲁公祭兄子季明帖前十二行，甚遒婉，行末循"尔既"字右转，至"言"字左转，而上复恐侵字右旁，绕"我"字左出至行端，若有裂文，适与背纸缝合。自"尔既"至"天泽"逾五行，殊郁怒，真屋漏迹矣。自"移牧"乃改"吾承"，至"尚飨"五行，沉痛切骨，天真烂然，使人动心骇目，有不可形容之妙。与《禊叙稿》哀乐虽异，其致一也。"承"字掠策啄磔之间，"嗟"字左足上抢处隐然见转折势，"摧"字如泰山压底柱鄣，末"哉"字如轻云之卷日，"飨"字蹙衄如惊龙之入蛰。吁，神矣。

这又是一个"他山之石"的例子。书法的形式化特征更突出，陈绎曾对

《祭侄文稿》的评价典型体现了形式与内容的高度统一。"殊郁怒,真屋漏迹""掠策啄磔""隐然见转折势""轻云之卷日""惊龙之入蛰"既是对书法形式的解析,也是对该形式引发的心理效应、情感共鸣的描述,典型体现了"有怎样的形式就会有怎样的内容(情感)",亦即"某种内容(情感)需要用特定的形式进行表现"。

基于此,我们可反思,《去年的树》所运用的"寂""幽玄"之形式与"逝去与无常"之主题是否高度匹配?内容、主题、情感,既是文本形式分析的出发点,也是落脚点。作为文本解读的两个基本指向,主题分析与形式分析始终要密切关联,从而有效揭示文本"写了什么"以及"怎么写的",这两方面共同构成文学审美的基础。

二、文本解读的三个路径

(一)"向下走"——情感共鸣

文学是一种艺术形式,文学创作的出发点与落脚点是表情达意,相应地,文学赏析首先要指向情感共鸣。所谓的美感——美的感受、因美而感动——就是一种情感;审美——对美的审视与品赏——也必然蕴含着情感且由情感驱动。教师带领学生进行文学赏析时必须关注和反思:学生有被文本感动吗?学生的情感有被调动和唤起吗?如上所述,很多语文课中价值观教育成为核心,语文课被上成思品课、班会课,要想改变这一点,就必须突出文学文本赏析的审美属性,而审美的内核是感动与情感共鸣。

1. 情感共鸣是文学赏析的核心与关键

在前面的内容中,声乐专家对《青藏高原》的演唱进行了技术分析,下面是某音乐播放平台上网友对这首歌的部分评论:

- 一开口就是8000米!

- 用灵魂唱歌的女歌手。
- 李娜唱的有种在高原上声音远远地飘过来的感觉。
- 一曲听完，脑海中余音袅袅，心中无限豪情悲壮。
- 她和她的声音已经和雪峰、蓝天、布达拉宫融为了一体。
- 静静地听着，于高昂处体验青藏高原之宏伟高峻，眼泪不由得夺眶而出。
- 最超凡脱俗、最圣洁而又辉煌的高音，非《青藏高原》之李娜莫属！太震撼了！
- 我播放这首歌，坐在边上的小朋友转头看向窗外，瞭望远方的山头，他说听见有人在山上唱歌。
- 李娜的歌声仿佛把那片经历沧海桑田的土地拉至近前，然后涌入胸膛；缥缈之音又仿佛把灵魂抽离身体，去无限触及青藏高原上的蓝天白云。
- 听每一句都被震撼！李娜老师唱得气势磅礴，直击长空，又兼具婉转优美，与歌曲中青藏高原的绝美奇景完美交融于一体，实为不可超越的巅峰。
- 无人的旷原，撼动灵魂的回响。我的梦想就是有一天能站在雪山之巅，一览北国风光。我的笔触很笨拙，所以暂引王勃《滕王阁序》的"山原旷其盈视，川泽纡其骇瞩"。总有一天，我会站在山顶极目远眺，凝望这个我所热爱的世界。

一首歌让人们生发出如此深刻、丰富、真挚的情感共鸣，我们的语文教学不也应该如此吗？学生接受了十几年的语文教育，总该有几篇课文让他们生发这样的感动和领悟吧！可是，"前言"中的调查结果显示，很多学生可能从来没有被任何一篇课文感动过。事实上，很多教师在整个教学生涯中，也没有为一篇课文感动过，没有讲过一篇让学生感动的课文。

2. 激发学生对《去年的树》的情感共鸣

我在教授《去年的树》时，让学生安静地读一遍课文，然后问："读了这篇文章你有什么感受？"很多学生都会说"难过""伤心"，这是文学赏析自然的开始，就像我们品尝美食时自然会生成喜欢、厌恶、惊艳、疑惑等诸多情感，既然是"享用美食"而不是"吃饱"，就要期待生发欢喜与满意。为了充分激发学生的情感，我进行了以下几方面的引导：

首先，我给学生播放了一组照片，是一对英国的老夫妻在家中院子的同一位置并排的合影。拍合照是因为老妇人罹患癌症，将不久于人世，他们以这种方式记录二人最后在一起的岁月，更重要的是，他们以这种方式好好地告别。照片中两个人都面带微笑看着镜头，但让人感觉他们在"执手相看泪眼"，老先生看着自己的妻子渐行渐远，而老妇人也在频频回头。每隔两个月左右，他们就拍下一张合影。从照片中可以看到、感觉到周围的植物在不断生长，老妇人却逐渐衰弱。又湿又冷的冬天来了，他们仍然坚持站在雨中，微笑着拍下照片。来年的春天，夫妻二人又拍下合照，这张照片让人颇为伤感，因为就在去年此时他们得到要永远分别的消息。最后一张照片，只有老先生一个人在那里，只是，他的脸上仍然带着淡淡的微笑。基于这些照片，我问学生：

- 面对重病的噩耗，他们为什么要这么做？
- 夫妇二人为什么在拍照时带着微笑？
- 最后一张照片中只有老先生一个人，你能想象他从屋里走出来前是什么样子和心情吗？
- 失去了爱人，如此悲痛的时刻为什么老先生还要坚持出来拍这张照片？这张照片是给谁看的？

很多学生面对此情、此景、此问，流下了眼泪——他们被深深地感动了。更重要的是，这些问题对理解《去年的树》中的情感是很有价值的，因为鸟儿也在面对"逝去与无常"，她也有非常特殊、仪式化的情感与行为反应。

其次，我让学生带入自己的经验，体会自己曾经历的逝去与无常。我请学生回想或想象：

- 大雪后堆的雪人一两天后消融了，只能慨叹"它曾经在那儿"。
- 看看妈妈年轻时的照片，体会已逝去的青春容颜。
- 想想你曾养过的可爱的小动物，可是再也见不到它了。
- 看看周围的高楼大厦，再看看几十年前这里曾经的田园。
- 想想你的儿时伙伴，现在再见到却觉得非常陌生。
- 看看家里的老物件儿，想想那流逝的时光。

通过这样的教学环节，引导学生了解、体验世界上必然存在的"逝去与无常"，教师要关注学生描述自己所体验的逝去时表达的情绪情感，如难过、失落、迷惑、怨恨，等等。教师可以帮助学生澄清自己的情绪，但不要对他们的情绪表达进行评价和牵引。

最后，在教学的读写一体化环节，我引导学生就以下内容说一说、写一写，让学生有机会就"逝去与无常"这个话题表达自己的情感：

- 树不在了，但他留下了光和热。
- 与树度过的美好时光会永远留在鸟儿的记忆中。
- 树变的火柴在燃烧中飘到了空中，虽然不能说话，也无法看见，但鸟儿能感觉到树就在身边。
- 在被伐掉的树旁边，又长出一棵小树苗，看起来和原来的树一模一样。
- 逝去的终将逝去，要珍惜有缘人，要珍惜眼前的美好。
- 天下没有不散的筵席，平静地接受逝去，感谢曾经的相遇相知。
- 有逝去才会有生发，与逝去告别，期待和迎接新的生命。

这些教学活动都指向了感动和情感共鸣。情感共鸣是文学赏析的先导，为文学审美奠定了基础。早在先秦时期，人们即通过《诗经》表达自己的情感，如"心之忧矣，我歌且谣"（《魏风·园有桃》），"君子作歌，维以告哀"（《小雅·四月》），"啸歌伤怀，念彼硕人"（《小雅·白华》），这些诗就是人们为了表达感情而自然唱出的歌谣。不仅是诗歌，所有文学作品创作和赏析都指向了情感和感动。如陆机在《文赋》中有言："余每观才士之所作，窃有以得其用心。"亦如刘勰在《文心雕龙》中有言："观文者披文以入情。"这句话出自《知音》篇，形象贴切地表明，如果读者真正读懂了作者的情感并形成情感共鸣，二者就成为了彼此的知音，这是一种非常美好的情感体验，给人带来巨大的快慰。

3. 处理好情与意、感性与理性的关系

语文课上讲文学作品，要着力突出文学文本中的"情"，并且要有意识地与理性思考和价值判断保持一定的距离，尤其不能让后者压倒、覆盖"情"的生成与感受。例如，有一位名师在教授《去年的树》时问学生："森林里有那么多树和鸟，为什么这棵树和这只鸟儿成为好朋友？"他引导学生得到答案："因为他们之间发生了爱情。"与前述"逝去与无常"的意涵相比，这个问题及其答案很怪异，也很牵强。可能这位老师认为，不把这个问题"说清楚"，这篇文章就没法教。这样的话一定会有学生追问："他们为什么会相爱？""他们是怎么认识的？""为什么不同种类的生物能相爱？""他们以前是否受过情伤，而不能爱自己的同类？"……被这些问题牵引的语文课还是语文课吗？被这么解析的文本还有文学味吗？如此思考的学生面对文本还能生发感动吗？在前面的分析中我们提到，《去年的树》具有"幽玄"意味，文本中的情节和细节被有意极简化、模糊化处理了，如果以这样的分析把文本安排得明明白白，恐怕文本的"幽玄"意味荡然无存！

想象一下，一位女士问男士："你爱我有多深？"男士回答："你问我爱你有多深，月亮代表我的心。"女士听到这个答案一定倍感温馨。此时如果女士追问："月亮代表你的心？你和月亮是什么关系？你到底是什么心？月亮怎么会知道？"这该多么无趣、多么扫兴！我们在解读文学作品时，一定要有"情感归情感、理智归理智"的意识。汤显祖在《牡丹亭记题词》中

说:"(杜丽娘)死三年矣,复能溟莫中求得其所梦者而生。如丽娘者,乃可谓之有情人耳!情不知所起,一往而深。"《牡丹亭》何以不朽?因为它真挚而炽烈的情感意蕴!稍有审美修养的人,都不会基于概念、逻辑、理性——人死不可能复生——批判汤显祖造谣吧!

名作《凤凰琴》的作者刘醒龙在《跋:更好的小说》中说:

后来的某个阶段,曾经很烦别人提《凤凰琴》。这种烦闷的不快使得自己在一段时间里,需要说话时,尽量不提这部小说,需要编小说集时,也尽一切可能不收录这部作品。一方面是由于那些言说者总是拘泥于所谓教育题材,而自己所描所写本是这世上人口最多的卑微者;另一方面是由于某些史评家总是定论于文学对现实社会的救急功能,而自己所思所想本是给这些小人物恢复有尊严的生命价值。

发表于1992年的《凤凰琴》产生了巨大的影响,刘醒龙自陈:"从日理万机的政治局常委,国务院副总理,到汶川映秀小学的教师夫妻,再到那群非要将村名改为'凤凰琴'的家乡村民,莫不为之动容。"可为什么作者却"很烦"别人提起这个作品呢?因为很多人没有从文学视角欣赏这部作品,而是把它当作教育人的素材,只关注"文学对现实社会的救急功能",这当然会让作者大失所望。

刘醒龙在谈到《凤凰琴》的创作时说:

人在生活中过得久了,走得远了,见得多了,就会滋润出超乎寻常的深情。深情破土而出时,山挡不住,水挡不住,人情练达,世故老成亦无法拦阻,就算满腹经纶何其锦绣,同样奈何不了。

《凤凰琴》是作者真挚的、不可抑制的情感抒发的产物,他当然希望读者能产生情感共鸣,能够被作品感动,这才是真正懂了作者的心思。前面我介绍《去年的树》的作者新美南吉的人生境遇,其中充满了"逝去与无常",

他以平静、平淡的文字构织《去年的树》，但其中却蕴含着真挚而浓烈的情感。还有，本书第二部分解读曹禺的《雷雨》，作者同样反复提醒读者，《雷雨》不是一个社会问题剧，他希望人们看完《雷雨》后"带着一种哀静的心情"回家。这些都在提醒我们，欣赏文学作品，最重要的就是体会文本中蕴含的情感，生发真正的感动与共鸣。

教师在引导学生进行文本赏析时，要密切关注以下有关情感共鸣的问题：驱动作者文学创作的情感是什么？作者要通过作品表达怎样的情感？作品的动人之处是什么？基于文本引发学生情感共鸣的切入点是什么？再次强调，文学赏析不是不要理智，情感的生发必然有理性的介入和规制，情感本身也是有逻辑的，虽然这种逻辑不同于数理逻辑。我们需要把握的是"谁主谁从"的问题，即文学赏析一定要把情感与感动置于核心地位，即使有理性分析，也要服从于情感与感动的生发。例如，对赏析《去年的树》而言，"鸟儿看到树不见了，为什么没有痛哭、慌乱、悲愤？这是冷漠吗？"就是一个非常好的问题，直接指向这篇文章的审美要义——一种极富美感的面对"逝去与无常"时的情意状态。

4. 从生活感动到审美感动

上述分析表明，赏析文学作品情感共鸣很重要。同时我们也要意识到，情感有不同的层次，可简单分为出于本能的"生活感动"和蕴含文化意味的"审美感动"。生活中很多人喜欢看剧，很可能看得很投入，并为剧中的人和事流下感动的泪水，这即是典型的"生活感动"。有趣的是，很多人看了很多剧，但其欣赏水平却一点也没"长进"，年复一年地停留在"生活感动"的层面。

例如，在一个网络视频中，一位现场看戏的中年妇女气冲冲地爬上舞台，和男主人公对峙起来，因为他在虐待女主人公！这位中年妇女气不过，要制止男主人公的恶劣行径。暂不论这个戏演得好不好，这位观众生发和表达的感动无疑是充沛的、真挚的，但遗憾的是，她没有在"欣赏"一出戏，而是在围观纠纷、看邻里打架。朱光潜谈文学的十种低级趣味，其中一个是

"道学冬烘,说教劝善"[①]:

《西厢记》本来让莺莺改嫁郑恒,《锦西厢》却改成嫁郑恒的是红娘,莺莺终于归了张珙。诸如此类的实例很多,都足以证明许多人把"道德的同情"代替了"美感的同情"。这分别在哪里呢?比如说一个戏子演曹操,扮那副老奸巨猾的样子,惟妙惟肖,观众中有一位木匠手头恰提着一把斧子,不禁义愤填膺,奔上戏台去把演曹操的那人的头砍下。这位木匠就是用"道德的同情"来应付戏中人物;如果他用"美感的同情",扮曹操愈像,他就应该愈高兴,愈喝彩叫好。懂得这个分别,我们再去看看一般人是用哪一种同情去读小说戏剧呢?看武松杀嫂,大家感觉得痛快,金圣叹会高叫"浮一大白";看晴雯奄奄待毙,许多少爷小姐流了许多眼泪。他们要"善恶报应,因果昭彰",要"天下有情人都成眷属",要替不幸运的打抱不平。从道德的观点看,他们的义气原可钦佩;从艺术的观点看,他们的头脑和《太上感应篇》《阴骘劝世文》诸书作者的是一样有些道学冬烘气,都不免有低级趣味在作祟。

上述看戏时冲上台的女士即表现出朱光潜所说的审美趣味低下,面对文艺作品其情感反应层次较低,缺乏审美内涵。前面的"主题分析——升华及深化"部分指出,经典文学作品往往蕴含着指向世界本质与真相的升华性主题,与这样的主题对应的情感共鸣也必然超越了基于本能的"生活感动"。因此,审美必然基于感动,但感动并不一定是审美,提升学生审美素养是语文教学中文学赏析的重要目的,实现这一目的的关键就是要帮助学生从"生活感动"提升到更高层次的"审美感动",而这需要我们理解和落实"向上走"的高级审美。

[①] 朱光潜:《谈文学》,江苏人民出版社2020年版,第36页。

（二）"向上走"——高级审美

文学赏析的本质是审美，为此我们必须关注：学生从文学阅读中是否获得美感，以及获得了哪个层次的美感。试想，一个人饭后躺着抽烟，另一个人欣赏世界名画，他们都发自内心地感慨："美！"这两种美感一样吗？显然，它们的层次不同，前者更多地发生于生理层面，不需要"审"而获得快感，多由本能驱动；后者是真正的审美，发生于精神乃至灵魂层面，与个体的审美能力、审美修养有关。下面首先分析美感的本质与层次，进而分析蕴含高级审美意蕴的经典文本具有怎样的特征。

1. 美感的本质与层次

大家可能听说过"暴力美学"这个说法，"暴力"怎么会和"美"联系在一起？我们来看李泽厚是如何分析"饕餮纹的狞厉之美"的。① 李泽厚引《吕氏春秋·先识览》之说："周鼎著饕餮，有首无身，食人未咽，害及其身。"这表明饕餮是"吃人"的，其形象也是凶怪恐怖的，但镌刻于青铜器上的饕餮纹却具有巨大的美学魅力。李泽厚对此解释道：

> 古代诸氏族的野蛮的神话传说，残暴的战争故事和艺术作品，包括荷马的史诗、非洲的面具……尽管非常粗野，甚至狞厉可怖，却仍然保持着巨大的美学魅力。中国的青铜饕餮也是这样。在那看来狞厉可畏的威吓神秘中，积淀着一股深沉的历史力量。它的神秘恐怖正只是与这种无可阻挡的巨大历史力量相结合，才成为美——崇高的。人在这里确乎毫无地位和力量，有地位的是这种神秘化的动物变形，它威吓、吞食、压制、践踏着人的身心。但当时社会必须通过这种种血与火的凶残、野蛮、恐怖威力来开辟自己的道路而向前跨进。用感伤态度便无法理解青铜时代的艺术。这个动辄杀戮千百俘

---

① 李泽厚：《美的历程》，生活·读书·新知三联书店 2017 年版，第 35—36 页。

虏、奴隶的历史年代早成过去，但代表、体现这个时代精神的青铜艺术之所以至今为我们所欣赏、赞叹不绝，不正在于它们体现了这种被神秘化了的客观历史前进的超人力量吗？正是这种超人的历史力量才构成了青铜艺术的厉的美的本质。

人们会享受某些食物"鲜美"的味道，而这种"鲜"源自蛋白质中的某些氨基酸。因此，"鲜美"这种生理层面的美感是有客观物质基础的。同样，青铜器上饕餮纹的美感也不是凭空而来的，如李泽厚所言，它源自神秘恐怖与巨大历史力量的结合，这种结合形成了饕餮纹的"崇高美"。这种历史力量如此巨大，以它为基础的美感既是深刻的，又是高层次的，因为它触及有关人类和世界的根本的、永恒的命题，给人以巨大的感动与启悟。李泽厚强调，"用感伤态度便无法理解青铜时代的艺术"。"感伤态度"是人们看到饕餮纹后基于本能的第一反应，与审美尤其是高级审美尚有一段距离。显然，认识、感受这样的美需要理解其蕴含的历史力量，对其进行审美有门槛，需要个体具备一定的历史文化知识。李泽厚还指出，饕餮纹显露出一种"天真稚气的美"：

这种种凶狠残暴的形象中，又仍然保持着某种真实的稚气。从而使这种毫不掩饰的神秘狞厉，反而荡漾出一种不可复现和不可企及的童年气派的美丽。特别是今天看来，这一特色更为明白。你看那个兽（人）面大钺，尽管在有意识地极力夸张狰狞可怖，但其中不又仍然存留着某种稚气甚至妩媚的东西么？好些饕餮纹饰也是如此。它们仍有某种原始的、天真的、拙朴的美。所以，不是任何狰狞神秘都能成为美，后世那些张牙舞爪的各类人、神造型或动物形象，尽管如何夸耀威吓恐惧，却徒然只显其空虚可笑而已。它们没有青铜艺术这种历史必然的命运力量和人类早期的童年气质。

"真实的稚气""童年气派的美丽""妩媚的东西"是"发现"的产物，指向超越第一反应、生活感动的高级审美。李泽厚指出，"社会愈发展，文明愈进步，也才愈能欣赏和评价这种崇高狞厉的美"，说明审美是社会的、历史的，也是动态的、发展的。对个体而言，审美是需要熏陶和培育的社会性精神活动，它有高、低与发展、欠发展的区别。这意味着，需要个体具备一定的知识水平、文化修养才能发现和感受艺术作品中的高级审美意蕴。

美感的源起和层次

美感源于人们生理层面的满意。后汉许慎在《说文解字》中对"美"的解释是"羊大为美"："美，甘也，从羊，从大。"也就是说，羊很大、味道很可口就是美。由此可见，人们最初将"美"与味觉的愉悦感受联系在一起，是一种生理层面的"满意"。人们有时将酒称为"美酒"，酒为何是美的？远古人类捡拾或采摘果实，有些果实因过度成熟，其中的果糖通过发酵变成酒精，摄入酒精让人产生生理上的快感和满意——镇静、嗜睡、放松，因此，美酒之"美"同样源于满意的感受。推而广之，"美景""美味""美人""美言""美意""美德"等之所以是"美"的，是因为它们都能引起人们满意的感受。

随着人类精神世界的发展，满意的感受从低层次的、单一的生理性的愉悦发展为高层次、复合性的满意。一个人酒足饭饱之后躺着抽烟并表示非常满意，很难说这是美感，称其为快感可能更合适。同样，如果一个文本"只能"给人带来生理层面的满意，这样的阅读可能并不是审美。朱光潜指出，阅读中存在五种形式的"低级趣味"，分别是猎奇故事、色情描写、黑幕描写、风花雪月的滥调、口号教条。① 其中前四个方面都指向单纯的生理层面的满足。真正的、高层次的审美必然超越生理层面的满意，甚至会对生理层面的欲望形成抑制。例如，孔子听到《韶》乐后，竟然三个月吃肉都觉得无味，他惊讶地感慨：想不到《韶》乐带给人的快乐能达到这种程度！

经典文学作品也可称为"美文"，它们往往让人们感受到复合型、多层次的满意，承载生理、精神、灵魂三个层次的美感。下表（见下页）是对这三个层次美感的分析。

---

① 朱光潜：《朱光潜全集（第四卷）》，安徽教育出版社1988年版，第178—184页。

	生理层面的满意	精神层面的满意	灵魂层面的满意
核心需求	基于本能的追求舒适与安乐。	对世界和自我形成真确的认识；改造世界与完善自我。	面对有关世界和人生最根本、最重要的现象与命题。
需求满足的途径	各个感官获得合宜的刺激与满足。	学习、思考、实践。	升华与感悟。
基于文学作品获得的美感	悦耳悦目[①]。满足好奇心，休闲娱乐。	悦心悦意。了解世界与自我，形成更好的人生观与价值观。	悦志悦神。把握世界和人生的终极本质与真相。

狭义的美感指精神和灵魂层面的满意，单纯的生理层面的满意被称为快感更合适。当然，精神、灵魂层面的美感很多时候包含生理层面的满意和愉悦。文本越经典，文学性越强，其审美层次就越高，越有可能触及灵魂层面的美感。有些文学作品的内容涉及暴力、血腥、破碎、丑恶，阅读这些作品很可能引发读者的负面情绪，如紧张、压力、痛苦、厌恶、愤怒；同时，很多作品的理解需要一定的知识基础，还受到文化环境的影响，这是一个探索的过程，需要付出心力，因此，很多文学作品的阅读可能既不轻松也不愉悦，甚至可能充满痛苦，如阅读悲剧作品。但是，就像登山要经历艰苦的过程，会有疲惫、沮丧、退缩等负面情绪，而在登上山顶那一刻，我们会看到极美的风景并可能产生巅峰体验。同样，当我们有机会在文本赏析中凝视世界和人生的重大命题，并且一窥其本质和真相，无疑会获得极大的快乐和满意。

高级审美的内核——触及灵魂的美感

将《去年的树》的主题指向"珍视友谊、信守承诺、保护环境"，这是人的第一反应，主要指向理性分析和价值观教育；"逝去与无常"这一升华性的主题则蕴含更高级的美感，就和前述孔子听到《韶》乐一样，是触及灵

---

① 关于"悦耳悦目""悦心悦意""悦志悦神"，参见李泽厚：《美学三书》，安徽文艺出版社1999年版，第536—546页。

魂的美感。何谓"灵魂层面的美感"？这样的美感为何具有更高的审美价值？在解析之前，我们来看下面这个例子：

2004年雅典奥运会，美国射击运动员埃蒙斯最后一枪竟然脱靶，金牌像煮熟的鸭子飞走了，中国选手贾占波意外拾金。2008年北京奥运会，埃蒙斯最后一枪只要不低于8环就能稳拿金牌。令人不可思议的事情再次发生了，埃蒙斯只打出了4.4环，把即将到手的金牌又拱手送给了中国选手邱健。2012年伦敦奥运会，埃蒙斯最后一发只要打出8.4环，亚军就是他的。但他最后一枪只打出7.6环，将几乎到手的银牌拱手送给了韩国选手，只获得了一枚铜牌。埃蒙斯的遭遇太不可思议了！太让人震撼了！网络搜索平台上已有"埃蒙斯现象"这一词条，该现象被称为"奥运魔咒"。"魔咒"——埃蒙斯的遭遇已无法用理性和逻辑来解释。谁发出了这"魔咒"？又是谁在安排着这一切？

面对精神、理性层面无法阐释的现象，人们常常只能在灵魂层面对其形成感悟和回应。这些现象往往意义重大，人们因此生发强烈的感受，对其反复揣摩和品味。也许在某个时刻，人们会获得有关这些现象的启示，从而对世界和人生形成一种深刻的领悟，而这种领悟会让我们获得澄明与释然，这是一种大快乐、大欢喜，也即灵魂层面的美感。基于灵魂层面的满意形成的美感最充实、最动人，可以想见，如果埃蒙斯的遭遇被写成小说，一定会让人们感受到灵魂的触动。经典文学作品往往都有触及灵魂层面的美感，换言之，能生发灵魂层面的美感是文学创作的追求，也是经典文学的关键特征。总的来说，文学作品指向灵魂层面的美感具有以下特点：

- 重大与永恒
- 有宗教意味
- 超越智识
- 不可言说

- 难以解释

与埃蒙斯遭遇的"奥运魔咒"相似,《去年的树》所蕴含的"逝去与无常"也承载着高层次的、触及灵魂的审美意味。形成这种审美意味的关键在于:每一个人都必须面对"逝去与无常",只要时光流转,逝去就会发生,整个世界变动不居,所有的事物都要经历"成、住、坏、空",无常是世界与生命的本质与真相。"逝去与无常"以"最高律令"的形式出现,超越了理性和逻辑,人们只能以"悟"的形式接受它、体会它。对"逝去与无常"这一永恒的人生主题进行思索与玩味,能够让人们获得最高级的满意和愉悦,形成最高级的审美。

触及灵魂的美感需要"悟"

文学中蕴含灵魂美感的内容指向人生的彼岸与归宿,包括生与死、坚持与背弃、人生价值、自由与尊严,等等。这些内容往往是超理性、超逻辑的,其对应的审美心理主要是"悟"。什么是"悟"?我们来看况周颐在《蕙风词话》中谈其"词境"之体验:

人静帘垂,灯昏香直。窗外芙蓉残叶飒飒作秋声,与砌虫相和答。据梧暝坐,湛怀息机。每一念起,辄设理想排遣之。乃至万缘俱寂,吾心忽莹然开朗如满月,肌骨清凉,不知斯世何世也。

"万缘俱寂""莹然开朗""不知斯世何世",就是"悟"的表现,也是"悟"的过程。《说文》释"悟"为"觉也","悟"与"知道""了解""理解"有相同的含义,但二者又有重要的不同,"理解"是经过主观努力获得理性认识,而"悟"则是在某种机缘之下,刹那间获得真知与了悟。"悟"是禅修的核心方式,诗词赏析与参禅中的"悟"有相当高的一致性。李泽厚指出,禅悟这种注重内省、注重体悟和顿悟的方式与文学艺术发生了最契合的反应:"'忽然省悟'的这种方式,对艺术创作来说,不正是很熟悉、很贴切和很合乎实际的么？"①铃木大拙则将参禅的开悟直接与诗歌赏析相比较，他说："如果我们用诗歌或象征的方式来表示，悟便是'心花开放''茅塞顿开''心思活动的开朗'。"②如前所述，指向灵魂层面美感的内容往往超越智识、不可言说、难以解释，因此，"悟"这样的审美心理与高层次美感是匹配的。

虽然触及灵魂的美感很多时候无法言说、难以解释，但我们还是对《去年的树》进行了诸多理性层面的解析，本书第二部分对每篇文章的解析中也有诸多理性成分，这说明灵魂层面的审美不排斥理性分析，后者是实现高级审美的基础，而高级审美又超越了理性分析。因此，我们通过文本分析带学生"入门"，引领其感悟文本的高级审美意蕴，同时要有意识地为学生保留达致"莹然开朗"的"悟"的空间。

2. 经典文本的特征

我们能从文本中获得怎样的美感取决于两个方面：一是文本蕴含哪个层次的审美意蕴，二是师生的审美意识和审美能力。就像巧妇难为无米之炊，没有高质量的文本就没有高层次的审美，我们应有能力分辨经典文本，而这也是审美意识和审美能力的体现。下面我们来分析蕴含高层次美感的文本所具有的特征。

我在网上看到一首被热议的"杜甫的诗"，录之如下：

暮 年

你我暮年，闲坐庭院。
云卷云舒听雨声，星密星稀赏月影。
花开花落忆江南，你话往时，我画往事。
愿有岁月可回首，且以深情共白头。

---

① 李泽厚：《美学三书》，第 372—373 页。
② 有关禅悟的内容，参见铃木大拙：《禅风禅骨》，耿仁秋译，中国青年出版社 1989 年版；铃木大拙：《禅与生活》，刘大悲译，光明日报出版社 1998 年版。

很多网友表示被这首诗"惊艳了双眼",可我实在觉得看不下去——这首诗很普通,甚至很俗气。我本能感觉这绝对不是杜甫写的,即使是杜甫功力不够时写的,他也一定不想让这样的诗流于后世。果然,不久后该诗就被澄清是网友的搞笑之作。由此可见,理解经典文本的特征非常重要,这会影响我们是否能够识别、选择高水平的作品,也决定了我们能否析出作品中的审美意蕴并传递给学生。

总的来说,蕴含高层次美感的文学文本具有以下五个方面的特征:

第一,深厚的文化积淀。

所有艺术作品包括文学都是人类文化的产物。广义的文化指人类在社会实践过程中创造的物质、精神财富的总和,狭义的文化指精神生产能力和精神产品。如前所述,李泽厚指出,"巨大历史力量"是饕餮纹具有崇高美的原因,这种力量也是饕餮纹承载的文化内涵。因此,"文化含量"是判断作品价值的一个重要指标,也在相当程度上决定了艺术作品具有哪个层次的美感。杜甫的《江南逢李龟年》,短短28个字,以唐代一段极重要的历史为背景,蕴含着曾经的繁华与安乐、战乱后的流离与破碎、过往的欢愉与向往、当下的沮丧与迷茫,这些都是诗的"历史力量""文化含量"。此外,这首诗让我们看到,人们以无言的坚忍面对世间的动荡、破碎、困厄,显现了中国文人的一种文化性格。

优秀的文学作品无论内容还是形式都散发着文化气息,或蕴含重要的历史事实,或展露人们的追求与向往,或表现一种行为与情感模式,或反映人们的某种思考与探索。反观上述冒名之作,通篇都是具体心绪的表达,明显缺乏文化内涵,只有"云卷云舒"和"忆江南"两个片段源于中国文学中的典型意象,但因为文化意蕴的缺失,也只能是两个肤浅的点缀,整首诗读起来空洞、做作、乏味。

汪曾祺在其文论《"揉面"——谈语言》中写道:

我们现在写作时所用的语言,绝大部分是前人已经用过,在文章里写过的。有的语言,如果知道它的来历,便会产生联想,使这一句话有更丰富的意义。比如毛主席的诗："落花时节读华章"，如果不知出处，"落花时节"，就只是落花的时节。如果读过杜甫的诗："岐王宅里寻常见，崔九堂前几度闻。正是江南好风景，落花时节又逢君"，就会知道"落花时节"就包含着久别重逢的意思，就可产生联想。《沙家浜》里有两句唱词："垒起七星灶，铜壶煮三江"，是从苏东坡的诗"大瓢贮月归春瓮，小杓分江入夜瓶"脱胎出来的。

作家写作时所用的语言"绝大部分是前人已经用过，在文章里写过的"，这典型指向了文学作品中的文化传承。很多时候我们品读文学文本，本质上品读的是文化，文本的文化积淀越深厚，越有可能承载高层次的审美意蕴。前面分析《去年的树》的写作形式时提及的"寂"与"幽玄"就有明显的日本文化的特点，后面"'向外走'——资料关联"部分将涉及《去年的树》散发的"物哀"气息，更是直指一项重要的日本文化。总之，文化积淀既是文学作品的根柢，又为文学作品提供素材，这要求我们在解读文学作品时，必须关切其文化背景和文化意涵。

第二，蕴藉涵泳。

我偶然听到一首歌，其中一句歌词是："如果我们经过多年以后，你是否还爱我，是否还会依偎在我怀中，叫我一声老公，直到我们剩下最后一口气。"这句歌词立即引起了我的注意，不是因为它好听，而是因为它俗气到让人感觉惊讶乃至刺耳的程度。我的一个朋友偶然听到这句歌词时不由自主地笑了起来，他也被这句歌词"震惊"了。日常生活中，这句歌词作为大白话说出来无所谓，可如此直白、露骨的话又用看似颇为深情的形式唱出来，就会产生强烈的滑稽感。

人们的情意很多时候可意会而不可言传，如《庄子·天道》篇有言："语之所贵者意也，意有所随。意之所随者，不可以言传也。"我们来看一个禅宗公案。香严和尚云："如人上树，口衔树枝，手不攀枝，脚不踏树。树下有人问西来意。不对，即违他所问；若对，又丧身失命。正恁么时，作么生对?"①真是两难,不回答问题怠慢了他人,可张口回答就会掉下来丧命。作家在创作文学作品时同样如此,如果明确表达自己的情意,文本就成为宣讲,失去了被欣赏、被探索的美感,况且很多情感也无法明确地以富有逻辑的方式表达出来。

以蕴藉的方式表情达意是解决此问题的方法。所谓蕴藉有两个意思:一是包含、不显露,二是凭借、寄托。对优秀的文学作品而言,蕴藉不是可选项而是必选项。两千多年前的《诗经》已经在使用"比、兴"蕴藉地抒情,如:"关关雎鸠,在河之洲。窈窕淑女,君子好逑。""蒹葭苍苍,白露为霜。所谓伊人,在水一方。"它们表达的感情多么诚挚,形式又多么优美!前面分析过,作家写作时"祭出月亮"即体现了蕴藉之意。《去年的树》没有直接表达对"逝去与无常"的想法与情感,它用"寂""幽玄"的形式蕴藉地呈现这一触及灵魂的审美意味。

经典作品能千年不朽、常在常新,一个重要的原因就是其蕴藉地表情,它因此可以被反复品赏,源源不断地释放多重、多向的美感。正如宋代蒋捷的《虞美人·听雨》中所言:"少年听雨歌楼上,红烛昏罗帐。壮年听雨客舟中,江阔云低,断雁叫西风。而今听雨僧庐下,鬓已星星也。"杜甫的《江南逢李龟年》和新美南吉的《去年的树》表达的情感多么隽永、深沉,可他们没有明说,也不可明说,而是通过表情、动作、景物、环境,以象征、隐喻、指代、借景抒情等方式表情达意,读者得以一层又一层地咂摸其中不尽的情思。

蕴藉地表情是一种能力,要求作者应具备丰富的知识与高明的技巧,这也是一个作品成为经典需要迈过的门槛。此外,蕴藉涵泳与直抒胸臆并不矛盾,直抒胸臆的"直"并不是直白,如刘禹锡的"沉舟侧畔千帆过,病树前头万木春",还有李白的"仰天大笑出门去,我辈岂是蓬蒿人",都可谓直抒胸臆的名句,但这些诗句仍然有蕴藉的意味——作者创设了精妙的文学意象,将浓烈的感情寄托于此意象之上。

---

① 保罗·李普士:《禅的故事》,叶青编译,吉林出版集团有限责任公司2009年版,第73页。

第三，真挚感人。

2023年全国高考后的第二天，网名"差评"的博主在网络上发表了《我让6个AI写了今年的高考作文》一文。他分别让6个人工智能模型各写了一篇高考作文，题目是全国新高考Ⅰ卷的《故事的力量》。请一位语文教师给作文打分（满分60分），结果最低39分，最高49分。该文下面有两位网友的评论写得很好。一位网友说："AI写的作文，字你都认识，写的话也都看得懂，但是就是从头看到尾感觉啥都说了也啥都没说，这不叫作文，因为它没有灵魂。"另一位网友说："AI作文偏重逻辑，都是'首先''其次''再次''最后'，较为死板和枯燥，缺乏深度和联想，词汇也单调。人写的作文更感性，表现出更为复杂的感情和感悟，分析更深入，联想更宽阔，语汇也更丰富。我还是更喜欢人写的作文！"

人工智能可以通过学习完成特定任务，但它永远无法体会和表达人类的感情，因为它没有也不可能有感情！经典文学作品能够世代流传、千年不朽，最重要的原因就是这些作品蕴含真挚动人的情意。《易·乾》有言："修辞立其诚。"《礼记·大学》有言："诚于中，形于外。"《庄子·渔父》有言："真者，精诚之至也。不精不诚，不能动人。故强哭者，虽悲不哀；强怒者，虽严不威；强亲者，虽笑不和。真悲无声而哀，真怒未发而威，真亲未笑而和。"抒发真诚的情感是文学乃至所有艺术最原初的驱动，也是文学的根本意义所在。

现实的文学创作有很多种目的，如为提高收视率创作剧本，为吸引眼球撰写网文，为鼓动群众写小说，为显示自己的才华写文章，等等。基于这些目的生成的作品往往流于庸俗、肤浅、哗众取宠。真诚的情感源自作者内心涌动的、不可抑制的想要通过文字诉说的欲望。王国维在《人间词话》中说："尼采谓：'一切文学，余爱以血书者。'后主之词，真所谓以血书者也。"歌德在谈到《少年维特之烦恼》时说："我像鹈鹕一样，是用自己的心血把那部作品哺育出来的，其中有大量的出自我心胸中的东西、大量的情感和思想……我当小心以后不要再读它，它简直就是一堆火箭弹！"辛弃疾评价陶诗："千载后，百篇存，更无一字不清真。"（《鹧鸪天》）元好问写诗赞陶渊明:"一语天然万古新,豪华落尽见真淳。"(《论诗三十首·其四》)真挚的情感表达不加掩饰、不拐弯抹角、不模棱两可、不故作高深、不故弄玄虚,作者写的就是心里想的,文字呈现的就是想让读者了解的。《孟子·告子上》有言:"口之于味也,有同耆焉;耳之于声也,有同听焉;目之于色也,有同美焉。至于心,独无所同然乎?""同耆""同听""同美"以及"心之同然"!作者的情感表达是真诚的,就能够也必然会感动读者。作者是真诚的,而读者也看到了作者的用心、领受了作者的真诚,这是多么美好的阅读体验!

第四,创作技法。

对艺术表现而言,只有感情真挚是不够的,运用高明的技法表达情感极为重要。苏珊·朗格说:"一个嚎啕大哭的婴儿所释放出来的情感要比任何一个音乐家释放出来的个人情感多得多,但我们不会到音乐厅里去听婴儿的嚎哭。"[①]此论印证了我们前面讨论的文学作品的形式及形式分析的重要性——作者的创作技法以特定的形式表现出来,在某种意义上,文学创作技法与文学形式同源同构。

一个非常知名的歌手开演唱会,出现了跑调、破音,他和现场观众都为此尴尬不已。与十几年前相比,歌曲的旋律和内容没变,歌手投入的感情可能更真挚,其演唱的技术缺陷不能被忽视吗?我想答案是"不能",因为这是一场专业表演,歌手面对的是付出时间和金钱的观众,后者应得到一场高水平的演出。这个观念对语文教学也非常重要,学生将宝贵的时间投入到语文学习中,他们学习、欣赏的文本同样应体现高度专业性,而这要求作者具备相当好的创作技法。

有好的技法不一定能创作出文学佳品,但没有技法就一定不会有高品质的文学作品。李世民在《贞观政要》中说:"玉虽有美质,在于石间,不值良工琢磨,与瓦砾不别。若遇良工,即为万代之宝。"真正优秀的作家是

[①] 黄应全:《苏珊·朗格的"现代模仿说":艺术是人类情感的象形符号》,《首都师范大学学报(社会科学版)》2018年第5期。

"良工",他们通过高明的方法和技术琢磨自己的经验,并以艺术化的形式呈现出来,成为感人至深的"美文"。例如,我们每个人都有"逝去与无常"的人生经历,但有多少人能写出来像《去年的树》这般动人的作品?《去年的树》看起来简单轻巧,却寄寓了那么深、那么美的情感。语文教学中让学生真正感悟文本的美,就需要分析和理解作者写作时所运用的方法与技术。俗语说"外行看热闹,内行看门道",理解作品蕴含的方法、技术、意识就是"看门道",事实上这也是对学生审美能力和审美素养的培育。前面"形式分析——形式即内容"部分解读了对文本形式进行分析的重要性及其方法,读者可以回顾这部分内容,不断提高自己文本分析的专业性。

第五,风格与创新。

风格和创新是决定文艺作品质量与价值的两个重要因素,经典文学作品应有自己独特的风格并且具有创新性。事实上,创新的作品才会有自己独特的风格,而对风格的追求也必然要求创新。

所有经典作品必然是独特的,而且有较高的品格,二者相结合就是作品的风格。我们可以毫不迟疑地说,每一个大作家及其经典作品都有自己的风格,他们每个人都是独一无二的,其生活背景、人生经历、社会身份、气质个性均与众不同,他们对世界和人生必然有独特的视角和感受,付诸文字就会形成具有某种风格的作品。《去年的树》有鲜明的风格,第二部分解读的每一篇文章也都有自己独特的风格,对文本风格的赏析无疑是文学审美的重要组成部分。

"独特"是风格潜在的定语,"创新"是保证作品具有独特风格的关键。缺乏创新或模仿前人的作品自然称不上有风格,其艺术和审美价值必然大打折扣。相传李白游黄鹤楼时有感而发:"眼前有景道不得,崔颢题诗在上头。"这是赞颂崔颢《黄鹤楼》的佳话,但它道出了文学创作的一个重要规律:文学作品必须创新,不能对某个文学主题进行新的诠释,或不能以新的形式表情达意,文学创作的必要性和价值就不存在了。当然,作家也会以相同或相似的内容与形式创作多个高水平作品,但在这些作品中,往往只有一篇或少数几篇"代表作"能成为真正的经典。从文学自身的发展而言,"一代有一代之文学"（王国维语）即是文学不断创新的结果。就像生物多样性是良好生态的标志，文学作品的创新及风格多样化有助于形成"百花齐放，百花争鸣"的局面。生物繁衍中的"杂交优势"为积极进化提供了条件，与此相似，文学创作者基于风格多样的作品相互启发、相互借鉴，这对文学的创新和发展无疑是非常有价值的。

（三）"向外走"——资料关联

一个生态良好的湿地中有树、草、花、湖、溪、动物、昆虫……我们欣赏一朵花，会不由自主地看它旁边同类的花，再观察远处的植物、动物、湖水、溪流，再把目光收回来看这朵花上的蜜蜂与蝴蝶……重要的是，这样游移、关联式的观察会让我们对这朵花形成准确、深入的认识。文本解读同样如此，目标文本就像生态系统中的一朵花，对其进行解读必须同时关注系统中的其他事物——多种多样的相关资料。

1. 资料关联对文本赏析极为重要

任何一个文学作品都不是孤立存在的，我们要真正认识这个作品，就必须充分了解其形成过程、背景及它与其他精神产品的关系，此即为"资料关联"。基于资料关联理解作品极为重要，我曾在《中小学古诗词评点及教学建议》中辟专节分析诗词赏析时的"关联与对比"。[1]事实上，不仅是古诗词，任何文学作品的赏析都需要资料关联。20世纪60年代西方出现的互文理论指出，以历史的、发展的、联系的方式解析文本是人们理解所有人类精神产品的必由之路。有学者指出[2]：

互文性并非文学艺术所独有，而是人类智力领域一种普遍的现象。可以说，只要有文本——文学文本、艺术文本、科学文本、历史文本，等等——

---

[1] 赵希斌、杨思航：《中小学古诗词评点及教学建议》，第50—58页。
[2] 李玉平：《互文性：文学理论研究的新视野》，商务印书馆2014年版，第60页。

存在的地方，就有互文性。文学艺术文本自不待言，即使是以逻辑严密、价值中立为圭臬的科学论文也少不了在行文中添加注释和文后列出参考文献，而这些都是再明显不过的互文性标志。

互文理论的重要研究者克里斯蒂娃指出，任何文本"都是通过引文的嵌入构成，任何文本都是对其他文本的吸收与转换"①。这意味着，所有专业作家都必须进行大量、深入的文化学习和文学阅读，其作品正是阅读和学习的成果，他们在这个过程中对已有文本进行"吸收与转换"。沃尔夫林曾说过，一切绘画得益于其他绘画的比得益于自然的要多。② 中国学者也表达过类似的观点："我们可以看到在中国诗歌这艺术门类中，前文性越来越多，对现实经验材料的依赖逐渐减少。"③ 在《诗符号学》一书中，里法泰尔持同样的观点，他指出文本不是指向世界，甚至也不是主要指向概念，而是指向其他文本，读者必须"克服模仿的藩篱"。④

前面分析了"主题的升华"，"升华"的关键就是从具体的事物、事件、经验上升到更感人、更隽永、更富文化意味的主题上，这与里法泰尔所说的"克服模仿的藩篱"是一致的。例如，中国文学作品中的"月"与自然科学论文中的"月"不一样，也与很多西方文学作品中的"月"不一样，要真正确认和理解作品中的"月"意象，就要熟悉从先秦到明清直至当代，中国文人在其作品中是如何写"月"的，又赋予了"月"怎样的意涵。再如，本书第二部分解读《荷花淀》时，提到郦道元的《三峡》，作者没有去过三峡，这篇文章相当多的内容借鉴了前人的文章，即"指向了其他文本"，是对已有文本的"吸收与转换"，这使得郦道元在现实经验阙如的情况下，也能写出流传千古的经典名篇。如此看来，讲《三峡》的写景之真、之美就落入了

---

① 转引自王丹：《语言意识与语言批评的维度演变》，上海三联书店2014年版，172页。
② 转引自 E.H. 贡布里希：《木马沉思录——艺术理论文集》，曾四凯、徐一维等译，广西美术出版社2015年版，第17页。
③ 赵毅衡：《礼教下延之后——中国文化批判诸问题》，上海文艺出版社2001年版，第95页。
④ 转引自李玉平：《互文性：文学理论研究的新视野》，第110页。

"模仿的藩篱"。"三峡"本质上是一个富含丰富意味的文化符号，作者选择三峡中的哪些景致、如何描写这些景致，取决于中国文人的文化品格及其情志，需要我们通过关联其他资料才能对这些文化意涵进行解析。

下面以《去年的树》为例，具体说明如何基于资料关联进行文本解读。

关联日本的"物哀"文化

我们可以看到，《去年的树》中鸟儿面对树的消亡时表现得非常平静，没有哀鸣、没有悲恸，平静地寻找，平静地接受，平静地祭奠——"唱完了歌，鸟儿又对着灯火看了一会儿，就飞走了"。这很不寻常，也很动人，释放了触及灵魂的美感。基于对日本"物哀"文化的关联，我们来赏析《去年的树》这一独特的审美意味。

"物哀"意为"物事之哀"，在日本文学史上，"哀"常常被用来概括日本人的审美意识，其历史非常久远，在《记》《纪》时代[1]就已被频繁使用了。日本学者大西克礼指出，"哀"与日语中"咏叹"的含义比较接近[2]：

在"哀"中所包含的感情内容是极其多样的，从价值判断的意义上来说，它同时包含积极和消极两个方面，但是"哀"所包含的精神态度，一般来说却是一种"静观"式的。而且这种静观的态度，常常使得"哀"的积极或消极的感情中，根本上带有一种客观而普遍的"爱"的性质。

日本学者本居宣长将日语中的"哀"延展为"物哀"，用以阐释《源氏物语》的情感内涵及和歌的审美意味。[3]本居宣长说：

---

[1] 《记》《纪》分别指《古事记》和《日本书纪》，它们是日本现存最早的历史书。《古事记》是和铜五年（712年）太安万侣所编纂的史书，记录了日本从天地开辟到推古天皇（554—628年）时代的历史；此后，舍人亲王又奉命再次编纂国史，该国史于养老四年（720年）完成，是为《日本书纪》。
[2] 大西克礼：《幽玄·物哀·寂——日本美学三大关键词研究》，第67页。
[3] 据一位日本学者统计，《源氏物语》一书中的"哀"字多达1044个。见叶渭渠等：《物哀与幽玄——日本人的美意识》，广西师范大学出版社2002年版，第81页。

- 所谓"物"是指谈论某事物、讲述某事物、观看某事物、欣赏某事物、忌讳某事物，等等。人遇到应该感动的事情而感动，并能理解感动之心，就是"知物哀"。而遇到应该感动的事情，却麻木不仁、心无所动，那就是"不知物哀"，是无心无肺之人。①

- 世上万事万物，形形色色，不论是目之所及，抑或耳之所闻，抑或身之所触，都收纳于心，加以体味，加以理解，这就是感知"事之心"、感知"物之心"，也就是"知物哀"。如果再进一步加以细分，所要感知的有"物之心"和"事之心"。对于不同类型的"物"与"事"的感知，就是"物哀"。例如，看见异常美丽的樱花开放，觉得美丽，这就是知物之心。知道樱花之美，从而心生感动，心花怒放，这就是"物哀"。②

《去年的树》中有物——树与鸟儿，有事——相处、约定、消逝、寻觅、告别，如果我们有"知物之心""知事之心"，就会心生感动，也即生发"物哀"之情。《乐记》有言："人心之感于物也"。陆机在《文赋》中说："遵四时以叹逝，瞻万物而思纷。悲落叶于劲秋，喜柔条于芳春。"人们因自然景象及其变化生发丰富的情感，这即是"物哀"之心。中国几乎所有的古诗词都藉由景物、事物抒情，其本质就是面对物与事而心生感慨，这与"物哀"是很接近的。因此，只要对中国文学借景抒情的传统有所了解和接受，就会对日本文学包括《去年的树》中的"物哀"形成自然的情感共鸣。

大西克礼指出，基于以下四个原因，"哀"中蕴含着美感：

一是悲伤的快感。雪莱在《致云雀》中写道："我们最甜美的诗歌，表达的是最悲哀的思绪。"爱伦·坡说："哀愁在所有诗的情调中是最纯正的。"波德莱尔也说："我发现了美的定义，那就是：美当中要含有一些情热、一种哀愁，还有一种难以言喻的漠然性。""我并非主张喜悦与美不协调，但是我要说，喜悦不过是美的最平凡的装饰物，只有忧愁才是美最好的朋友。"

---

① 大西克礼：《幽玄·物哀·寂——日本美学三大关键词研究》，第69页。
② 同上，第72页。

大西克礼显然持同样的观点，他指出，喜悦与悲哀两相比较，后者无疑带有更多的审美意味。

二是客观化。"物哀"之"物"的价值在于，将某种主观、直接、具体的感情，间接地投射于外物，从而将情感和氛围客观化。苏珊·朗格曾指出客观化的重要性："一个艺术家表现了情感，但不是以一个政治家大发脾气或一个婴儿大哭和大笑的那种方式。他把那些通常被视为无形和混沌之物的难以捉摸的内容构造成形，亦即他把主观领域客观化了。因此，他所表现的不是他自己的真实情感，而是他关于人类情感所认识到的东西。"①《去年的树》显露"静观""谛视"之意味，以及鸟儿冷静、淡然的态度与行为正是客观化的表现。前面"主题分析——升华及深化"部分提到，为了突破情意表达和感受的局限，作家写作时祭出一个人们都能看见也都能看懂的事物，进而将感情投射到这个事物上，如森林之上的天空中的一轮明月。"物哀"中的物和事就是这轮明月，它使得个体的、具体的情感升华至普遍的、人类共有的情感，这种升华同时也是实现情感客观化的一个重要途径。

三是普遍性。在《古诗十九首》中我们可以看到，世间普遍存在着"逝去与无常"，其中每一首诗都藉由物与事表达对"逝去与无常"的感慨。这样的情感是一种跨越时空而普遍存在的"基底情感"，世界上所有人都必然经历、体会这样的情感。当我们认识到这种情感的普遍性，就会生成一种达观与释然，因此生成触及灵魂的美感。正是这样的达观与释然，让新美南吉能够接受生命中一次次的"逝去与无常"（见前面"主题分析——升华及深化"部分对作者生平的介绍），进而将这份情感投射到《去年的树》中鸟儿的言行上——鸟儿平静地面对树的消失，一次次平静地寻找，最终完成与树的告别。

四是深刻的领悟。"谛观"的态度引导人们超越生活经验发现其形而上的意味，特别是通过对物和事深入地观察、感受、体味，发现世界和人生的真相与本质，发现那些亘古不变的道理与规律，从而形成一种深刻、透彻的

---

① 黄应全：《苏珊·朗格的"现代模仿说"：艺术是人类情感的象形符号》。

领悟。前面"'向上走'——高级审美"部分中指出，文本有可能蕴含生理、精神、灵魂三个层面的美感，灵魂层面的美感具有五个特征：关切重大与永恒的人生命题、有宗教意味、超越智识、不可言说、难以解释，这些特征都指向了深刻的领悟，这种带有宗教感的领悟会给人们带来充实和澄明的感觉，是一种大快乐、大满意。

总之，《去年的树》假借树、鸟儿这样的"物"，以及相处、约定、分离、逝去等"事"，表达了"物哀"之情感。文本中的"逝去与无常"强烈地散发着日本文学"物哀"的气息，并因此而蕴含充实的审美意味。

关联中国的《古诗十九首》

下面关联中国汉代的《古诗十九首》，以加深对"逝去与无常"这一主题的理解，并体会为何具有中国传统文化背景的读者会对一篇日本童话产生真挚的情感共鸣。《古诗十九首》是受五言乐府诗的影响而形成的我国最早的五言古诗，《昭明文选》把这十九首诗编辑在一起，并为它们加了一个总题目——"古诗十九首"。以下是十九首诗的关键句：

- 行行重行行，与君生别离。(《行行重行行》)
- 荡子行不归，空床难独守。(《青青河畔草》)
- 人生天地间，忽如远行客。(《青青陵上柏》)
- 人生寄一世，奄忽若飙尘。(《今日良宴会》)
- 谁能为此曲，无乃杞梁妻。(《西北有高楼》)
- 采之欲遗谁，所思在远道。(《涉江采芙蓉》)
- 不念携手好，弃我如遗迹。(《明月皎夜光》)
- 思君令人老，轩车来何迟。(《冉冉孤生竹》)
- 攀条折其荣，将以遗所思。(《庭中有奇树》)
- 盈盈一水间，脉脉不得语。(《迢迢牵牛星》)
- 人生非金石，岂能长寿考。(《回车驾言迈》)
- 四时更变化，岁暮一何速。(《东城高且长》)

- 人生忽如寄，寿无金石固。(《驱车上东门》)
- 古墓犁为田，松柏摧为薪。(《去者日以疏》)
- 昼短苦夜长，何不秉烛游。(《生年不满百》)
- 既来不须臾，又不处重闱。(《凛凛岁云暮》)
- 上言长相思，下言久离别。(《孟冬寒气至》)
- 以胶投漆中，谁能别离此。(《客从远方来》)
- 客行虽云乐，不如早旋归。(《明月何皎皎》)

叶嘉莹指出，《古诗十九首》所以能享有千古常新的极高评价，正因为它们所写的是"人类心灵深处最普遍也最深刻的几种感情上的基型"。从上述关键句可以看到，《古诗十九首》所写的感情基本上有三类：离别的感情、失意的感情、忧虑人生无常的感情。这三类感情是古往今来每个人一生中都会体验的最基本的感情，即人类感情的"基型"或"共相"。[①]值得品味的是，《去年的树》表达的"逝去与无常"不正是属于这样的"情感基型"吗？

前面"主题分析——升华及深化"部分中分析了文学中的基底情感与母题，它们与叶嘉莹所说的人类感情的"基型""共相"是一致的。这些情感千古常新，因为它们时时刻刻撩动人们的心事，萦绕于人们的心间。就像前面谈到的，中国文学传统中的借景抒情与日本"物哀"文化的表达有相通之处，"逝去与无常"也是中国文学中永恒的主题并指向基底情感，我们被《去年的树》这一主题及其蕴含的情意感动是非常自然的。这提示我们，中国文学作品中有大量以"逝去与无常"为主题的作品，教学时可以引导学生关联这些作品进行群文分析，以此加深学生对"逝去与无常"的理解和共鸣。

关联新美南吉的其他作品

最后，我们关联新美南吉的其他作品，藉此对《去年的树》形成更深刻的理解。

《小狐狸阿权》是新美南吉的代表作。主人公小狐狸阿权搞恶作剧把兵

---

① 叶嘉莹：《迦陵文集（八）》，河北教育出版社1997年版，第79页。

十捕的鱼都放生了，后来他得知这是兵十病危的妈妈想吃的鱼。阿权十分后悔，于是偷鳗鱼给兵十，而鱼贩怀疑兵十偷了鱼并将其打了一顿。阿权为了弥补这一无心之失，每天偷偷捡栗子和松蘑送给兵十。有一天，阿权给兵十送东西时被兵十看到，他以为阿权又要搞破坏，于是向阿权开了枪……下面是《小狐狸阿权》中的几个片段[①]：

- 阿权是一只孤零零的小狐狸。
- 阿权直起了身子察看。兵十穿着白色的丧服，捧着一块灵牌，平日里像红薯一样健康的脸颊，今天却显得无精打采。

噢，是兵十妈死了。想到这里，阿权就把头缩了回来。

这天晚上，阿权在洞里想：一定是卧床不起的兵十妈说想吃鳗鱼，兵十才带着渔笼出门的。可是我呢，却捣乱破坏，把鳗鱼给偷走了。兵十妈肯定就是因为没有吃上鳗鱼才死的。她临死前，一定还想着吃鳗鱼吧！唉，我要是不捣乱就好了。

- 以前兵十和母亲相依为命，现在母亲一死，就剩下他孤零零一个了。兵十跟我一样，也变成孤零零一个了。
- 阿权又到兵十家送栗子去了。兵十正在库房里搓绳子呢，阿权悄悄地从后门溜了进去。

就在这时，兵十猛地抬起了头。狐狸怎么进到家里来了？该不会是上次偷鳗鱼的狐狸阿权又来捣乱了吧？

兵十站起身，取下挂在小屋里的火绳枪，装上了火药。然后，他蹑手蹑脚地走过来，朝正要走出门去的阿权砰地放了一枪。阿权扑通一声栽倒了。兵十跑过去一看，屋子里的地上堆了一堆栗子。

"哎呀！"兵十惊讶地把目光落在了阿权的身上，"阿权，原来是你一直在给我送栗子啊！"

[①] 新美南吉：《新美南吉儿童文学经典》，周龙梅、彭懿译，浙江少年儿童出版社2017年版，第27—36页。

阿权无力地闭着眼睛，点了点头。

咣当一声，兵十手中的火绳枪一下子掉到了地上，枪口还冒着一缕青烟。

阿权孤零零的，它需要温情和陪伴，兵十失去母亲让阿权想到同病相怜的自己。它给兵十送吃的，一方面想弥补自己的过失，另一方面也藉此表达对兵十的同情。兵十与阿权都不是"坏人"，阿权还非常善良，富有同情心，他们却都遭遇了惨痛的破碎与失去。与《去年的树》一样，这个作品也呈露悲伤的气息，甚至有些悲虐，它同样让人感慨：这一切都是宿命吗？为什么温情和美好一定要破灭呢？

再来看《小狐狸》这个作品的梗概：主人公文六在晚上依妈妈嘱咐买了一双木屐，一个老奶奶随口说："晚上买新木屐，是要被狐狸附体的。"文六的伙伴们因此疏远了他。文六对此也很担心，他问妈妈如果自己真的变成了狐狸会怎么样。妈妈笑着说："如果你变成狐狸，我们也决定不做人，改做狐狸了。"文六又问："遇到猎人怎么办呢？"妈妈说："我一瘸一拐地慢慢跑。"文六问为什么要这么做。妈妈说："这样狗就会扑上来咬住妈妈啊，猎人就会追上来把妈妈捆起来，宝贝你和爸爸就可以逃走了。"我想所有人读了这样的文字，都会觉得心里面似乎堵着一团东西，文章中有爱、浓浓的爱，但这份爱被一层悲伤的氛围包裹着——为什么爱、母爱的实现要以生命为代价？与《去年的树》揭示的"逝去与无常"一样，《小狐狸》中描述的爱与温情也伴随着破碎与牺牲，这何尝不是揭开了爱另一面的真相给人看？"这样狗就会扑上来咬住妈妈啊，猎人就会追上来把妈妈捆起来，宝贝你和爸爸就可以逃走了。"这是爱的誓言，只不过人们听这誓言时要忍住眼泪，就像《去年的树》中鸟儿一次次地寻找消逝的树，鸟儿表现得愈平静则伤感愈浓重。

我们再来看《钱坊》的梗概：钱坊是坦吉暑假到叔叔家度假时在海边捡到的瞎了一只眼睛的流浪狗。坦吉很疼爱它，白天跟它一起玩，晚上睡觉都在一起。因为一点小事，钱坊把叔叔惹火了，叔叔执意要把钱坊送给自己的朋友，坦吉只好与钱坊告别，并且拜托叔叔的朋友好好照顾钱坊。坦吉一直思念着钱坊，冬季的一天，坦吉偶然看到楼下马路上有一条瞎了一只眼睛、瘦骨嶙峋的狗——就是钱坊！坦吉冲下楼跑到外面，可那条狗已经像风一样消失了。又是宿命般的、不可抗拒的分离与丧失！流浪的小狗已经被爱它的人收留了，看似就要拥有爱、拥有安定的生活了，为什么仍然是不好的结局？新美南吉可以写一个圆满、温馨的故事——经过种种波折最终坦吉把钱坊带回家，他们快乐地相伴、玩耍，永远不再分开——但他没有。新美南吉执着地向世人展现世间残忍的一面，这让我们不得不承认，分离与破灭也许是世间亘古不变的一种真相。

基于对新美南吉多个作品的关联，我们可看到作者类型化的创作，这些作品散发着悲伤的气息，作者以简约、轻淡、平静的情节和文字形式表达分离、无常、破灭等人类的"基型""共相"之情感。《去年的树》就是这种类型化作品中的一篇，这样的关联无疑对解读文本提供了有价值的视角。

2. 资料关联的作用

综上所述，解读文本时必须进行资料关联，这对文本的主题升华、澄清其审美意涵、理解其艺术形式非常重要。总的来说，资料关联起到以下几个方面的作用：

（1）溯源。"问渠那得清如许，为有源头活水来"，任何一个富有生命力的文学作品一定有深厚的根基，都可以通过资料关联在内容和形式上进行追溯，包括文化内核、历史背景、写作素材、创作技法，等等。基于互文视角，所有文学作品都是不断发展演变的结果，即使是那些看起来具有独创性的、开风气之先的作品也仍然是发展演变的结果，只不过带有突变的性质，而突变需要特定的条件，这同样是可以溯源的。基于资料关联的溯源对文本解读特别重要，通过溯源，我们能看到文学在发展演变的过程中，哪些是传统的，哪些是现代的，人们保留、凸显了什么，又舍弃、弱化了什么，这有助于我们真正理解一个经典文本的特点与价值——它们经过了时间的淘洗保留并发展了最有生命力的内容。

（2）印证。我们在解读某个文本时，会本能地对其主题和作者的写作意图进行判断，通过资料关联，可以印证或修正这些判断。例如，我们感觉《去年的树》展现了"逝去与无常"这一超越"友谊、承诺、环保"的更为深刻和动人的主题，那么，这样的想法合理吗？通过对相关资料的分析，包括日本的"物哀"文化背景，"寂""幽玄"的审美趣味，作者自身短暂却充满了"逝去与无常"的人生，他将写悲伤却充满爱的故事作为使命的理想，以及作者的其他作品，可以确认，如此理解该文的主题是合理的。

（3）释疑。有时我们对文本的情感逻辑和写作形式——"写了什么"和"怎么写的"——存在疑问或不确定性，资料关联有助于解答这些疑问。例如，《去年的树》中鸟儿面对树的逝去为什么那么平静乃至淡漠？通过上面的资料关联，我们可以理解这样的写作产生了"客观化"效应，凸显了"逝去与无常"的普遍性和不可抗拒的宿命感，为文本主题的升华奠定了基础，使得"逝去与无常"显得更加意味深长。

（4）补充。优秀作家的创作往往会显示类型化、模式化特征，即多个作品具有相同或相似的主题、手法与风格，对这些文本进行关联，可以让我们更全面、深入地了解作者的创作意图与写作风格。在上面的内容中，分析《去年的树》时关联作者的其他作品，我们能够更鲜明地认识到新美南吉作品中的"物哀"气息，以及他平静、淡然的叙事模式。同时，我们还关联了中国汉代的《古诗十九首》，也为理解"逝去与无常"这一主题提供了有益的补充。

（5）对比。基于资料关联，我们能在文本之间形成对比，从而更清楚地认识作品的意涵和风格，这就像在白色的背景中，一个黑色物体的颜色、形状、质地特征能够更醒目地显现出来。例如，我们可以对比一个作家在不同人生阶段的作品，或者同一个主题不同作家的作品，抑或表现同一主题的不同文学形式，等等。

文本解读时关联的资料有时间、创作主体、文本类型三种属性，这为资料关联提供了三个指向：第一，基于时间尺度的横向-纵向关联。横向关联指资料的形成时间比较接近，如同一时代、时期的作品；纵向关联指资料的形成时间相隔较远，如不同时代、时期的作品。第二，基于不同创作主体的自我－我他关联。自我关联指对同一个作者的文本进行关联，我他关联指对不同作者的文本进行关联。第三，基于不同文本类型的文学－非文学关联。前者指关联的资料为文学作品，后者指关联的资料为非文学作品，如哲学资料、历史史实、文学理论等。每一个被关联的资料都同时具有时间、创作主体、文本类型三种属性，如它是不同作者同一时期的文学文本，或同一作者在相同时期的非文学文本。总的来说，我们应选择多样化的关联资料，从而对文本形成更为全面、精到的解读。

上述分析显示，资料关联提升了文本解读的有效性和深刻性，为我们解读文本提供了丰富的视角和思路。资料关联使得文本解读有了依据，加强了文本解读的合理性。那么，对于这些解读，有没有可能作者自己都没有想到，或者作者不是这么想的呢？如何辨别是否存在误读或过度解读呢？清代词人谭献说："作者之用心未必然，而读者之用心何必不然。"（《复堂词录序》）也就是说，某个作品如果能够"自然"地引起读者的联想，而这样的联想又是真挚的、富有美感的，那么即使作者"不是这么想的"又有何妨？如果作者知道读者体验的艺术美感是他没有想到的，他应当为此感到非常欣慰吧。[1] 当然，我们反对索引式的、牵强的资料关联。例如，在评点苏轼的《水调歌头》时，周汝昌说[2]：

> 我不同意把这首词理解为苏东坡在写他的政治心情，写他怀念皇帝的感情。我们并不否认古典诗歌里常有"寄托"这一事实，但我们也不赞成用猜谜索隐的方式去谈诗词，例如说"天上宫阙"就是指京城、朝廷，"人间"就是指地方（山东密州）等等。那样，会把作者的感情、思想凝固化、狭隘

---

[1] 基于资料关联，叶嘉莹对温庭筠的《菩萨蛮·小山重叠金明灭》中"懒起画蛾眉"一句进行了阐释，很好地体现了资料关联对提升文本解读有效性和深刻性的价值，"作者之用心未必然，而读者之用心何必不然"这一理念也在解读中得以体现。参见叶嘉莹：《迦陵文集（九）》，河北教育出版社1997年版，第37—41页。
[2] 周汝昌：《千秋一寸心——唐宋诗词鉴赏讲座》，华艺出版社2000年版，第92页。

化起来，那样看起来好像是在探索内容的意义，而实际上将无法真正理解作者和作品的精神世界和艺术天地。

资料关联是为文本解读服务的，它是手段而不是目的。在通过资料关联解读文本的过程中我们要思考：这些资料在哪些方面——包括情感内涵、主题内容、写作背景、写作形式——有助于我们对文本进行解读，以及这样的解读是否符合理性及情感的双重逻辑。前述某名师将《去年的树》的主题解读为"爱情"，以及本书第二部分解读《背影》时提及的另一位名师对该文的误读，显示出解读者对资料的占有不够丰富，而资料关联恰恰是避免误读和过度解读重要且必要的手段。

02

第二部分

课文解读及关键教学问题

语文教学中的文本解读不是纯粹的文学赏析，它要为实现语文教学目标、提升学生语文素养服务，这些素养包括"语言建构与运用""思维发展与提升""审美鉴赏与创造""文化传承与理解"等方面。基于这些目标，结合第一部分提出的文本解读的指向与路径，我选择了七篇课文进行解读。

　　从教学实践看，这七篇课文往往被贴上一望而知、大而化之的标签，如教《背影》就讲父爱，教《金色花》就讲母爱，教《雷雨》就搞社会批判，教《故都的秋》就讲写景之美，教《荷花淀》就讲抗日农民英勇善战，至于《荷塘月色》和《昆明的雨》，很多老师想找个标签都找不到，真不理解这种日记体、回忆录有什么可讲的，也许《荷塘月色》还能讲讲语言多美、修辞多妙，可对《昆明的雨》真没辙。教参会告诉老师这些文章教什么、怎么教，可是扪心自问，我们被这些文章感动了吗？我们能体会这些文章的美吗？如果教师都无法真正理解这些文章的美，无法对其产生真挚的感动，又怎么可能让学生喜欢这些文章并生发感动呢？

　　对这七篇文章的解读再次提醒我们，收集、分析高质量的资料特别重要。本书第一部分强调了"资料关联"的价值，只有掌握丰富的背景资料，我们才能引领学生正确解读作者的写作动机，才能真正理解文本蕴含的美感。想象一下，一个人吃东坡肉的时候，有个人在旁边"叨叨"："这肉好吃吧""吃出里面放糖了吧""嫩不嫩""真是肥而不腻，瘦而不柴啊""好大块，是不是和你平时吃的不一样""发现了吗？一块肉单独放一盅"……面对这样的喋喋不休，食客恐怕要烦死了吧！"叨叨者"把食客当白痴吗？他啰嗦的这些食客自己感受不到吗？需要他不停提醒吗？比照而言，我们的很多语文课不也这样吗？讲《背影》就让学生体会"朱自清的爸爸有多爱朱自清""朱自清那时多不懂事，多不体谅父亲""朱自清的文笔多好，细节描写多细腻"……学生已经上初中啦！教师讲的这些表面化的、一望而知的东西学生会看不出来、体会不到吗？对这样的教学，学生怎会不心生厌烦呢？"叨叨者"要是真想让食客得到超越口腹之享的感受，可以给他相机介绍东坡肉的历史与渊源、发展与变化、逸闻与趣事、做法与技巧，等等。同样，我们在解读一篇文章时，一定要关注、揭示那些学生"不知道""看不到"的内容，藉此加深学生对文本的领悟，生发其文本赏析的兴趣与感动。即使讲学生能够看到和理解的内容，也要关联相关资料，让学生不仅知其然，还能知其所以然。例如，《背影》中朱自清把父亲"买橘子"的情节写得那么细，作者为什么这样写？给读者带来怎样的感受？如果将这样的写作手法比作"工笔"，那么《去年的树》中作者所用的手法就是"写意"，后者的写作目的又是什么？带给读者怎样的感受？基于资料关联对这些内容进行分析可以激发学生的兴趣和思考，促进其更深入地体会文本蕴含的情感和美感。

　　本部分的每篇解读都设置了关键教学问题，这些问题指向理解文本意涵和美感的关键，也串起了文本解读的重要资料，是教学设计和实施教学的线索与驱动，有助于将文本解读真正落实到教学中。

《背影》:"父爱"之外还有别的吗

关键教学问题

- 根据老师提供的资料,《背影》中朱自清为何表现出对父亲的轻蔑与嫌弃?
- 朱自清在"车站送别"八年后写下《背影》,如果当时就写下来,你认为作者会怎么写?会和现在看到的《背影》有什么不同?为什么?
- "车站送别"已过去八年,朱自清仍能把父亲"买橘子"的过程写得那么细致,对此你有怎样的感受和想法?
- 根据老师提供的资料,"车站送别"前后朱自清与父亲之间矛盾重重,这对你体会《背影》产生了怎样的影响?为什么?
- 父母对我们都有如"买橘子"那样的关爱之举,如果写下来,会像《背影》那么感人吗?会成为《背影》一样的经典吗?为什么?

绝大部分教师讲《背影》,将其主题定为"父爱"与"自责",这两点确实是文章的主旨。但是,这样讲会面临一个问题:绝大多数人都体验过父母独特而又深沉的爱,记忆中有不止一个类似"买橘子"那样的场景,如果有好的文笔,把这些亲子之爱的瞬间写下来,能否成为如《背影》一样的经典?换言之,《背影》能成为经典是否仅源自其对"父爱""自责"的描写?回答这个问题之前,我们先来看一篇与《背影》相似,同样感人至深的文章——《舍得》[①]:

---

① 节选自赵海宁:《舍得》,《文苑》2019年第22期。

父亲去世10年后，在我的"软硬兼施"下，母亲终于同意来郑州跟着我——她最小的女儿一起生活。这一年，母亲70岁，我40岁。

她早把居住了几十年的老屋收拾妥当，整理好了自己的行李。那些行李中有两袋面，是她用家里的麦子专门为我们磨的。但那天，那两袋面我决定不带了，因为车的后备箱太小。母亲却坚持把面带着。一定要带，她说。她这样说的时候，我忽然愣了一下，看着她，便想明白了什么，示意先生把面搬到里屋，我伸手在外面试探着去摸。果然，在底部，软软的面里有一小团硬硬的东西。如果我没猜错，里面是母亲要给我们的钱。

把钱放在粮食里，是母亲很多年的秘密。十几年前，我刚刚结婚，在郑州租了很小的房子住，正是生活最拮据的时候。那时，我最想要的不是房子，不是一份更有前途的工作，只是一个像样的衣柜。就是那年冬天，母亲托人捎来半袋小米。后来先生将小米倒入米桶时，发现里面藏着500块钱，还有一张小字条，是父亲的笔迹：给梅买个衣柜。

母亲住下来，每天清晨，她早早起来做饭，小米粥、小包子、鸡蛋饼……变着花样儿。中午下班我们再也不用急赶着去买菜，所有家务母亲全部包揽，阳台上还新添了两盆绿莹莹的蒜苗。有了母亲的家，多了种说不出的安逸。

母亲来后不久，有天对先生说，星期天你喊你那些同学回家来吃饭吧，我都来了大半个月了，没见他们来过呢。先生是在郑州读的大学，本市同学的确很多，关系也都不错，起初还会在各家之间串门，但现在，大家都已习惯了在饭店里聚会。城市生活就是这样繁华而淡漠，不是非常亲近的，一般不会在家里待客了。我便替先生解释，母亲态度坚决地让先生在周末把同学们带回家来聚一聚。我们拗不过她，答应了。

先生分别给同学中几个关系最亲近的老乡打了电话，邀请他们周末来我们家。周末一整天，母亲都在厨房忙碌。下午，先生的同学陆续过来了，我将母亲做好的饭菜一一端出，那几个事业有成、几乎天天在饭店应酬的男人，立刻被几盘小菜和几样面食小点吸引过去。其中一个忍不住伸手捏起一个菜饺，喃喃说，小时候最爱吃母亲做的菜饺，很多年没吃过了。母亲便把整盘菜饺端到他面前，说，喜欢就多吃，以后常来家里吃，我给你们做。那个男人点着头，眼圈忽然就红了，他的母亲已经去世多年，他也已经很久没回过家乡了。

母亲来后的第三个月，一个周末的下午，有人敲门，是住在对面的女人，端着一盆洗干净的大樱桃。女人有点儿不好意思地说，送给大娘尝尝。我诧异不已，当初搬过来时，因为装修走线的问题，我们和她家闹了点儿矛盾。原本就不熟络，这样一来，关系更冷了下来，住了3年多，没有任何往来。连门前的楼道，都是各扫各的那一小块儿地方。她冷不丁送来刚刚上市的新鲜樱桃，我因摸不着头脑，一时竟不知该说什么好。她的脸就那样红着，有点儿语无伦次，大娘做的点心，孩子可爱吃呢……我才恍然明白过来，是母亲。母亲并不知道我们有点儿过节，其实即使知道了，她还是会那么做。

母亲是在跟着我第三年时查出肺癌的。那天，母亲对我说，你爸他想我了。妈，可是我舍不得。我握着她的手，握在掌心里，想握牢，又不敢用力，只能轻轻地。梅，这次，你得舍得。她笑起来，轻轻将手抽回，拍着我的手。但是这一次，母亲，我舍不得。我说不出来，心就那么疼啊疼得碎掉了。（略有删节）

这篇文章2019年首发，四年后它被转载于某自媒体平台，仍然有1万多的"赞"和超过3000条的评论，很多评论下面还有大量的回应。评论者大多联想到自己的父母，被这篇文章深深地感动了。四年前我第一次看这篇文章，流泪了；前几天再次看到这篇文章，又流泪了；现在在编辑这篇文章的时候，我还是流泪了。——《舍得》确实非常感人。《舍得》在该平台被转载时的副标题是"有人说此文可上语文教科书"。一个有趣的问题：如果《背影》和《舍得》只有一篇能选入中学语文教材，我们选哪一篇？这个问题的根本在于：《舍得》与《背影》都非常感人，但从文学审美的角度看，二者是否具有相同的审美价值？《舍得》是否也具有如《背影》一样的经典性？这实际上就是本节开头提出的问题。我的看法是：《舍得》真挚感人、文笔不错，但如果它与《背影》只能选一篇作为中学课文，还是应当选《背影》。作此选择不是因为《背影》的名气更大,也不是因为《背影》更感人,而是因为它的"滋味"更丰富,审美价值更大。但体会《背影》的"滋味"及其审美价值的前提是不能局限于只讲"父爱""自责",否则它和《舍得》就没有什么高下之分了。

  基于资料关联,我们来看《背影》的写作背景。①《背影》所写之事发生在1917年,朱自清在《背影》中写道:"那年冬天,祖母死了,父亲的差使也交卸了,正是祸不单行的日子。"朱家原本相当殷实,朱自清的祖父曾任海州承审官,退休时积蓄颇丰,朱父任职的宝应厘捐局又是一个肥差。辛亥革命后,祖父被以"协饷"的名义勒索,只得捐出大半家财,朱家家道由此中落,但也还算小康,尚能供朱自清到北京上大学。1917年,朱父任徐州榷运局长时纳了几房妾,潘姓姨太得知后赶到徐州大闹一场,他因此丢了官。朱父花了许多钱打发姨太太,家里变卖首饰才补上巨大亏空,祖母不堪承受此变故而辞世。朱自清说父亲"交卸差使"可不只是简单的离职或辞职,"祸不单行"既指祖母的死,也指家庭经济上的破产。这"祸"可以说是父亲闯下的,朱自清很可能因此对父亲相当不满和嫌恶。《背影》中作者写自己对父亲的关爱不领情,顶撞父亲,觉得父亲"迂"、说话不漂亮,对父亲的不满和嫌恶是重要原因。

  1917年,朱自清还是北京大学哲学系预科生,由于家境衰败负了不少债,妻子武钟谦曾卖掉陪嫁的首饰补贴其学习和生活费用,朱自清也尽量节衣缩食,过得很清贫。朱自清的第二任妻子陈竹隐回忆,他在北京大学读书时,冬天晚上睡觉只有一床破棉被,要用绳子把被子下面束起来。因经济困窘,朱自清不得不提前于1920年毕业,并于当年8月到杭州师范任国文教师。朱自清当时月薪大洋70元,汇寄35元回扬州养家,家中仍入不敷出。

---

① 可参看以下《背影》的背景资料:
孙绍振:《主观强制性阐释的混乱——谈韩军对〈背影〉的解读》,《语文建设》2016年第16期。
姚文晗:《探寻〈背影〉的背景》,《中学语文教学参考》2022年第5期。
姜建、吴为公:《朱自清年谱》,安徽教育出版社1996年版。
陈竹隐:《忆佩弦》,载《新文学史料(第一辑)》,人民文学出版社1978年版。
闫苹:《修辞论美学视野中的〈背影〉》,载《中学语文名篇的时代解读》,广东教育出版社2007年版。

朱自清在小说《笑的历史》中写道："你有了事以后，虽统共只拿了70块钱一月，他们却指望你很大。他们恨不得你将这70块钱全给家里！"事实上，这样的情节源自朱自清的亲身经历。关坤英在《朱自清评传》中记述：

  根据已得到的材料，我们已经知道朱自清从大学毕业后不久，一直到写《背影》时的1925年，他和父亲有过一段感情的摩擦，父子之间的矛盾有时是很激烈的。他上北大的第二年（1917年），父亲的差事交卸了，一家大小断了经济来源，从此生计日艰，进而债台高筑。1920年，他从北大毕业，理所当然，他要负担家庭的经济，但是承担多少，承担有没限度，他个人有没有独立支配经济的自由，在这些问题上他和父亲发生了一次一次龃龉。1921年暑假，他回到扬州八中任教务主任，父亲凭借与校长的私交，让校长将儿子的每月薪金直接送到家里，朱自清本人不得支领。这种专制式的家长统治激怒了朱自清，一个月后他愤然离去，到外地执教。父子从此失和，这年冬天他不得不接出妻儿，在杭州组织了小家庭。1922年暑假，他想主动缓解和父亲的矛盾，带着妻儿回扬州，但父亲先是不准他进家门，后则不予理睬。过了几天没趣的日子又悻悻而去。以后父子之间的裂痕越来越深，这就是《毁灭》中所说的"败家的凶残""骨肉间的仇恨"。1923年暑假虽又回家一次，但与父亲的关系仍未好转。

  朱自清大半辈子都没有摆脱父亲对他的束缚，直到离世前他才替父亲还清高利贷。朱自清的父亲认为儿子胆敢违抗父命就是大逆不道，当他听到朱自清的母亲埋怨儿子不往家里寄钱时大怒，如同朱自清在《笑的历史》中所写："不寄钱？——哼！他敢！让我写信问他去。"表面看父子冲突源自经济原因，本质上是自由和专制的矛盾斗争造成的。朱自清于1917—1920年在北大哲学系学习，其思想接受着时代大潮的洗礼。陈独秀曾在《青年杂志》创刊号上发表《敬告青年》一文，大力宣传人权、自由，号召青年挣脱封建专制和陈腐伦理的束缚，争取人格独立的新生活，朱自清受此感召，于1920年加入了北大学生组织的"新潮社"。"新潮社"高举"伦理革命"的旗帜，猛烈抨击一切封建"纲常名教",高声疾呼个性解放。此时的朱自清无疑对父亲的专治颇为不满,努力争取个人的独立和自由,虽然这种追求艰难而曲折,如同朱自清在《毁灭》中所写:"被推着,被挽着,长只在俯俯仰仰间,何曾做得一分半分儿主?"

基于对《背影》写作背景资料的关联,我们应注意《背影》中有三个关键元素——矛盾与反差、时间与重塑、细节与深情。这三个元素使得《背影》有更丰富的滋味,有更高的审美价值。

一、矛盾与反差

从上面的资料可以看到,从1917年的"车站送别"到1925年朱自清写下《背影》,这八年间朱自清与父亲之间矛盾重重,成为不可被忽视的解读《背影》的背景。此背景的色调是阴沉的,而朱父"买橘子"所表达的爱是明亮的、温暖的,二者构成了反差,使得文章中的情感更加醒目,更让人触动与感慨。

2004年冬天的一个早晨,我在去单位的路上看到一个四五十岁的男环卫工(称其"庆")正在扫马路,他停下来望向前方,有一个和他年龄相仿的女环卫工(称其"薇")朝他走来。庆放下手中的扫帚走上去,很自然地拉起薇的双手并放在胸前。我不由自主地在稍远的地方停下来,因为此情此景不同寻常、反差很大——紧紧握在一起的是两双显得有些枯僵的手,离得那么近的是两张刻满了皱纹的脸,这激起了我的好奇心。庆低着头,微笑着,看着薇的眼睛说着什么;薇仰着头,迎着庆的目光,她的眼睛忽闪着,嘴唇翕动着……我为什么对20年前的这一幕念念不忘?连带着那天的天气、地点、环境都记得很清楚?如果这是一对青年情侣,或者是一对正在演戏的演员,我不会好奇也不会驻足,而庆与薇的职业、年龄、穿着与如此浪漫的爱之表达形成了强烈反差,犹如荒野中的一株玫瑰,更显热烈与惊艳。

基于对这个例子的思考,回到本文最初的问题,父母对我们爱的表达,其真挚、感人的程度丝毫不亚于朱父"买橘子",就像《舍得》中所描写的那样。可为什么把这些记录下来，即使有《舍得》作者那么好的文笔，仍不具备《背影》的经典性和审美价值？一个关键原因在于：朱自清父子间的矛盾与父亲的舐犊之情形成了反差，基于这样的反差，"买橘子"这一爱的举动就变得不同寻常、更为醒目，并因此蕴含了更丰富的滋味，能够引发读者更深刻的感悟。

朱自清在《背影》中对他与父亲之间的矛盾只是浅说、暗示，但此矛盾对理解朱自清为何对"买橘子"这一幕念念不忘、深感愧疚极为重要。它是情感生发的背景，更是情感生发的驱动，决定了情感的性质与色彩。请想象，一对共同生活多年的夫妻走到了婚姻的尽头，带着怨怼、伤心、迷茫的心情将结婚证换成离婚证，他们走出民政局的大门，将要就此别过。此时此刻，丈夫或妻子如果做出如"买橘子"那样的举动，会给对方带来多少强烈的震撼！《背影》带给读者的就是这样的震撼，为此我们每次读到《背影》"买橘子"这一幕时都会心有戚戚！

在一段网络视频中，一个搬运工坐在楼梯上，用手指在满是灰尘的裤子上写下"人生哪能多如意，万事只求半称心"。书写流畅、字迹漂亮，从他粗糙的双手看，应该不是博眼球的噱头。此视频让我深感触动，不只是因为他的字写得很好，更是因为强烈的反差——这样的一个人、一双手，在这样的环境中，写下这样的 14 个字！如果这些字写在一个明亮整洁的书房中的宣纸上，哪怕写得更好，也不会让我有如此强烈的感受。换言之，正是基于强烈的反差，这个工人写下的这 14 个字足以引发观者浮想联翩、感慨万千。《舍得》同样刻画了母亲对儿女毫无保留的爱，也展现了母亲优秀的人格，这些是作者真挚的感情流露，感人至深。但通过上述分析我们应能分辨，《舍得》和《背影》给人的感动是不一样的。打个比方，前者是一杯温热、香甜的蜂蜜水，让人体会到纯粹的美好与温情；后者则是一杯梅子酒，有前味、中味、后味还有余味，我们会尝到它的甜，但同时也有如影随形、挥之不去的一些苦味、涩味。如果说《舍得》是繁茂花园中明艳的康乃馨，《背影》就是冰封危崖上含笑的雪莲。当我们看向这朵雪莲，怎能不注意到它生存、生长的背景——因为这背景，它给我们的感受不一样了！

因为父子间的重重矛盾，"车站送别"及"买橘子"有了"宿命"的意味——有着割不断的血缘关系的父与子啊，为何要承受情感的撕裂？是对彼此还有爱的父与子啊，为何会互相伤害？是曾相互扶持的父与子啊，为何仍要面对一片狼藉？如果朱自清和同事有矛盾，做出"买橘子"举动的是其同事，朱自清当然也会感动，也会愧疚，但这种感动和愧疚能与《背影》中的情感同日而语吗？现实生活中，如果我们和同事有矛盾，可以选择划清相处的边界，减少不必要的互动，而父子之间的矛盾无法通过弱化乃至切断二者的关系解决。更重要的，这样的矛盾会对二人造成深刻、长久、不可逆的伤害。许多经典悲剧中的主人公都是有血缘关系的亲人，这是形成悲剧的本质原因，也是宿命感的来源——他们深陷其中，无法摆脱，让作者和读者都不由得慨叹：真是造化弄人啊！本书第一部分提到，美感有生理、精神、灵魂三个层面，触动灵魂的美感往往源自我们对有关世界、人生的重大主题的审思与领悟，《去年的树》中的"逝去与无常"就是这样的重大主题，《背影》中的宿命感也有这样的意味。就是这宿命感，让我们读完《背影》掩卷长叹，陷入失神与落寞。最好的乃至顶级的文学作品，不都会这样让人怅然若失吗？它不只激发了读者的感动和领悟，还击碎了我们的情感外壳，颠覆了内心的情感秩序，使读者在怅然若失中进行情感重构，这恰恰是文学巨大力量的体现。

二、时间与重塑

《背影》中的"车站送别"发生于1917年，朱自清于1925年写下这篇文章，我们可能会好奇，如果他当时把这一情节写下来，和我们现在看到的《背影》会一样吗？我想不一样，一定会不一样——因为时间的重塑。经过"时间的酿造"，粮食会变成酒，因而有了更丰富的能醉人的滋味，这是时间的力量。一个老战士会平静地回想当年残酷、血腥的战争，这同样是时间的力量，老战士的记忆和情感被时间重塑了。

现实生活中，很多人会不断回想过往，被时间重塑的记忆和情感被我们不断回味、揣摩，过往岁月中的生命片段因此愈发醒目与感人。2000年4月，我收到北京师范大学博士研究生复试的电话通知。接电话时我发现父母像木头人一样紧张、僵硬地坐着，屏气凝神听我在电话中说什么。接完电话，我告诉父母我初试通过了，学校通知我后天到校参加面试。父母想跟我说什么却又不知说什么。我说要赶紧去火车站买票，就匆匆出门了。到了火车站，排队买票时我偶然回头，发现父亲远远地站在后面，因为马上就排到窗口了，就没来得及和父亲说话。买完票再找父亲时，发现他不见了！父亲比我先到家，我问他去车站干吗，怎么没等我一起回来，他只回答了后一个问题："我看你买到票，就回来了。"当时，我觉得有点好笑——我俩像是"熟悉的陌生人"。这件事给我留下这么深的印象，同样是因为前述反差的存在，即父亲以一种疏远的方式表达亲密，以一种淡然之举表达温暖的爱。父亲一直都是木讷、不善于表达内心情感的人，当时对父亲的行为，我觉得有点好笑但不会觉得奇怪。

除了反差，时间也在重塑和加强"买票"事件对我的情感意义。如今父亲已离开我近十年，这些年我常常会想起这件事，会连带着想起很多父亲对我的好，给我的爱，甚至一直回想到三四岁的时候，我坐在他腿上，他捧着我的手，下巴轻轻地在我头顶摩挲。随着时间的流逝，我对父亲跟我到车站买票这一举动的情感发生了变化，现在想来不仅感觉很温馨，还很浪漫。是的，浪漫！没什么实用价值却满含情感的又有点执拗的对孩子的关心和爱护，这样的感受即是被时间重塑的结果。由此我能理解，朱自清在"车站送别"后八年写下《背影》，其情感也会发生变化，这同样是被时间重塑的结果。我不知道朱自清如果在1917年"买橘子"发生的当下把它写出来是怎样的，但我能够确定的是，八年的时间，对《背影》最终呈现出来的样子起到了不可忽视的作用。

我们来看杜甫的名作《江南逢李龟年》："岐王宅里寻常见，崔九堂前几度闻。正是江南好风景，落花时节又逢君。"前两句遥想当年，后两句回到当下，可这中间十几年的动乱、流离、破碎杜甫没有写。有趣的是，这样的略过是一种"震耳欲聋的沉默"，它让读者更念及那段想要被隐藏的岁月。朱自清也是这样写《背影》的，文章开头写"我与父亲不相见已二年余了"，文章的最后一段写"近几年来，父亲和我都是东奔西走"——他轻点时光的流转，似乎在有意隐藏什么，但这会让读者更想一窥究竟。文章中他写了自己对父亲的轻蔑，通过前面的资料关联，可以想见这是朱自清将自己与父亲的矛盾投射于此，他没有直说、明说、详说和父亲的矛盾曾那么深刻与激烈——就像杜甫不提安史之乱——但读者怎能不想起朱自清的这段人生经历？

与《江南逢李龟年》一样，《背影》让我们深切感受时间流逝与世事变迁。八年的时间让朱自清自觉或不自觉地回忆起什么又忘掉了什么，强调了什么又弱化了什么，凸显了什么又掩盖了什么，增加了什么又减掉了什么。水果、粮食经历一定的时间，其中的糖、淀粉会转化为酒，同样，经过一定的时间，过往的记忆被呈现出来时会发生变化。对作家来说，这种变化是一种升华和醇化，使原初的经验转化为更纯粹、更感人的文学意象。理解这一点很重要，这样的转化由情感驱动，理解作者的经验发生了怎样的转化，有助于我们更深刻地体会作品表达的情意。我们在《背影》中看到的就是"车站送别"八年后被时间重塑的人、事、情、境，如酒酿一般醇厚且余味深长。

朱自清在《背影》中写道："他触目伤怀，自然情不能自已。情郁于中，自然要发之于外；家庭琐屑便往往触他之怒。他待我渐渐不同往日。"这些文字含蓄地提醒读者在"过去的一段时间"发生的家庭变故、父亲的郁结和坏脾气、"我"与父亲之间的龃龉。父亲因此待"我"不同"往日"，这又是具有时间感的表达，再次提醒我们，阅读《背影》不可忽视时间这一元素，因为它包含着发现和解释作品情感意涵的线索。朱自清写道："但最近两年的不见，他终于忘却我的不好，只是惦记着我，惦记着我的儿子。"不只是朱自清的父亲"忘却"了他的不好，朱自清也必然"忘却"了父亲的不好，这就是随时间流逝情感的变化，这样的变化重塑了朱自清的情感，也重塑了父亲的情感。朱自清的弟弟把《背影》拿给父亲看，朱父当时读得泪流满面。他一定边看《背影》边回想曾经的车站、曾经爬过站台给儿子买回的橘子。朱父还会想起那时和儿子之间的矛盾和龃龉吗？也许会吧，但既然儿子在《背影》中没有提，只保留、强调了对父亲的感念和自责（是时间长了儿子忘掉了吗？也许是吧），那么，这段不愉快的经历在父亲的记忆中也一定模糊了吧。是的，八年前的一个生命片段，经过时间的淘洗被留存、被重塑，凸显了这个生命片段的意义，它没有黯淡失色，而是变得更鲜明、更强烈、更动人。

三、细节与深情

前面呈现的《舍得》最感人的地方在哪里？我想读者都会聚焦其中的两个细节。一是塞在面袋中给作者的 500 元钱，以及父亲的手书——"给梅买个衣柜"。二是作者的先生将其同学请到家里品尝母亲做的饭菜，"其中一个忍不住伸手捏起一个菜饺，喃喃说，小时候最爱吃母亲做的菜饺，很多年没吃过了。母亲便把整盘菜饺端到他面前，说，喜欢就多吃，以后常来家里吃，我给你们做。那个男人点着头，眼圈忽然就红了"。这两个细节有极强大的情感穿透力！同样，《背影》中最让人震撼的就是"买橘子"的细节，可以说这个细节描写是《背影》能够成为经典的一个重要原因。

"戴着黑布小帽，穿着黑布大马褂，深青布棉袍，蹒跚地走到铁道边，慢慢探身下去""他用两手攀着上面，两脚再向上缩；他肥胖的身子向左微倾，显出努力的样子"，朱自清看到这情景眼泪很快流下来，所有的读者也会于此流泪吧。一如《舍得》中看到游子吃了有"母亲味道"的饺子红了眼眶，一如瞥见随我到车站买票的父亲，一如冬日早晨庆与薇的执手相望，一如装卸工在满是灰尘的裤子上写下那 14 个字。

所有艺术包括文学都依赖具体形象表情达意，细节描写是基于形象传情极重要的手段。"买橘子"这一叙写感人至深，它体现了作者不仅有描摹细节的笔力，还有聚焦细节的眼光和敏锐度，即能从纷繁的细节中发现、捕捉感人的一瞬。我喜欢拍照，随时把让我感动的一瞬定格并发在微信朋友圈，很多微信好友跟我说，他们有一个名为"赵博士的照片"的文件夹，把我发的他们感觉拍得好的照片存于其中。能否定格一张好照片取决于两个条件：一是敏感地发现景物的美，二是以特定的技巧拍摄照片并进行后期加工。朱自清写下的"买橘子"的一瞬和定格一张照片本质上是一样的，需要于纷繁复杂的生活图景中抓住感人、美好的瞬间。因此，"买橘子"的细节不仅体现了叶嘉莹所说的一个作者的"能写之"，也体现了其"能感之"[①]。我在前面提出一个问题：为什么我们很多人都有真切、真挚的亲子之爱的经验和感受，如果写下来却无法具备《背影》一样的经典性和审美价值？"能感之""能写之"的意识和能力不足是一个关键原因。这也提醒我们，欣赏《背影》要关注作者的细节描写，关注其对动人的生活细节的敏感及能将其写得感人的笔力。我翻看自己十年前发在朋友圈的照片，与现在相比实在差得远，说明这些年我的拍照技术在进步。因此，我们要让学生不断感受优秀作品中动人、美好的细节描写并勤于练习，他们的欣赏和写作能力也会不断提高和进步。

第一部分谈到了日本的"物哀"文化，本居宣长说："人遇到应该感动的事情而感动，并能理解感动之心，就是'知物哀'。""知物哀"就是"能感之"，是由善感及深情驱动的。朱自清写下"买橘子"是因为深情——对父亲慈爱的感念；新美南吉写下对逝去的生命的追索，是因为深情——对"逝去与无常"的叹息；我拍下那么多感动自己也感动他人的照片，同样也是因为深情——面对美妙景象的愉悦。很多时候学生写作文时无话可说，只能写一些空话、套话或记流水账，表面上看是"不能写之"，本质上是"不能感之"的问题，即学生感受不到、抓不住生活中有意义的、感人的瞬间。如何解决这个问题？有一次我在北京北海公园遇到一对母子，孩子三四岁。夕阳照在河面上，有一部分光线被小山挡住，河面半明半暗，妈妈跟孩子感慨："这真是'半江瑟瑟半江红'啊！"母亲的语调是温暖的、抒情的，孩子就像听到妈妈柔情的呼唤，转过脸与母亲相视而笑。母亲无意让孩子记或背白居易的这首诗，孩子也无法理解这句诗的意蕴，但在这一刻，妈妈无意

[①] 叶嘉莹：《古典诗歌兴发感动之作用》，载《迦陵论词丛稿》，河北教育出版社2000年版，序第7页。

中"提醒"孩子"注意"这一瞬间美丽的景象，使其将美丽景象与愉悦感受关联起来。这样的关联反复出现，就会增强孩子感受、发现、捕捉美好瞬间的敏感度，并且激发孩子对美好景象的亲近与喜爱。基于此，教师在教学中，要引导学生关注文本中如"买橘子"那样的美好瞬间，使其真正感受其中的深情；在作文教学中，让学生写真感情、真感动，并且要把这样的感情与感动写得细、写得真。

最后，谈一下《背影》解读中可能出现的主观臆断、强行阐释的问题。一位名师解读《背影》时，认为该文所写非亲子之爱，而是对生命与死亡的慨叹。其部分解读如下[①]：

《背影》中，篇首写祖母死，文末写父亲"大去""不远"，首尾遥应，使得生命与死亡意识笼贯全篇。这是其一。

哭祖母，"不禁簌簌地流下眼泪"，恨其寿命短，疼其亡命早，望祖母生命久长，而生不可逆。此生命与死亡意识之二。

中间，父亲买橘。细腻摹刻上下月台之艰难、努力、小心，凸显风烛残年、生命将萎之"老态"，透出生命沧桑和苍凉感。父亲老得匆匆、遽然，青春、壮年一去不复返！朱先生恳望老父身强力壮，健朗安康，不忍其残年风烛，于是泪如泉涌。此亦生命与死亡意识。此其三。

接着，"他的背影混入来来往往的人里，再找不着了"，字面之"混入"与"找不着"，就是回家了、走远了、被人群遮挡了！可朱先生"眼泪又来了"，细细揣摩，此也是望父长寿、父子恒伴，深恐老父永远"消失"，永久"找不着"。此生命与死亡意识之四。

篇末，捧读"大去之期不远矣"家书，"泪光""晶莹""不知何时再能与他相见"。此亦朱先生不愿、不忍接受父亲老去，但父却必老的一种剧痛。此生命与死亡意识之五。

---

① 韩军：《〈背影〉课七说》，《语文教学通讯》2015年第11期。

该名师在文章中称，他的解读得到了北京大学语文教育领军人物的称许："特别是深入到对于生命、死亡等命题的思考，把握住了文章的深层意蕴，而且对孩子进行这方面的启发引导，也是必要的。"孙绍振指出，朱自清父亲给其信中的"大去"只是感慨之言，《背影》作于 1925 年，朱父"大去"则在 1945 年，当时朱自清在云南西南联大，对此并不知情，直到抗战胜利才得知。《朱自清年谱》1945 年 9 月 2 日载："得悉父亲于本年四月九日去世，悲痛万分。"因此，朱父在慨叹"大去不远"之后又活了 20 年，如果从"车站送别"的 1917 年算起，又活了近 30 年。孙绍振追问：为什么这么"硬"的"伤"，会出现在该教师对《背影》的解读中呢？他认为原因在于："刻意求新，但立论不是从文章全部内涵出发，而是从主观预设的'生命死亡'之流的概念出发，从文章中抓出几个与之相合的词语，强行演绎，置文章主旨于不顾。"

清代词人谭献说："作者之用心未必然，而读者之用心何必不然。"文本解读具有开放性，即所谓的"一千个读者就有一千个哈姆雷特"，但开放不是随意阐释、强行阐释。就像前面对《去年的树》进行分析时提到，有名师认为《去年的树》的主题是"爱情"，其理由是：森林里有那么的树和鸟，为什么鸟儿只给这棵树唱歌，为什么树只听这只鸟儿唱歌？这同样是强行阐释，有先开枪再画靶之嫌。因此，对文本进行解读时要注意两件事：第一，要重视高质量资料的收集和分析，这对避免盲目、随意的文本阐释极为重要，缺乏资料支撑的臆想是造成不恰当的文本阐释的关键原因。第二，要重视文本阐释的情感逻辑，面对同一个文本，不同的人可以产生不同的情感共鸣，但情感的生发不仅有高低之分——美感的层次不同，还要符合逻辑。打个比方，一种菜有很多种做法，但要想做得好吃，就需要遵循一定的规律、掌握一定的方法。换言之，有些方法就是会把菜做得很难吃，而且会破坏其营养成分，对此不能说"我想怎么做就怎么做"。同样，情感生发于哪里又落脚在何处，其间有怎样的起承转合，也要符合一定的逻辑，而这个逻辑是文学创作者和解读者都要遵循的。

《雷雨》：作者说不要社会批判，可没人听他的

关键教学问题

- 请大家阅读《雷雨》的"序幕"和"尾声"，你觉得它们起到了怎样的作用？对这出戏剧来说是必要的吗？其中姐弟二人的角色起到了怎样的作用？
- 曹禺说，他写"序幕"和"尾声"的目的是让雷雨夜发生的悲剧"推到非常辽远的时候，叫观众如听神话似的，听故事似的"。"非常辽远的时候"是什么时候？神话或故事有什么特点？为什么这么做观众就能够像听神话或故事似的？作者为什么要这么做？
- 曹禺说《雷雨》是"一首叙事诗"，"但决非一个社会问题剧"，你对此有何看法？
- 曹禺希望观众看剧时"不那样当真地问个究竟"，这个"究竟"是什么？如果不"当真地"问这些"究竟"，我们应从《雷雨》中关注和感受什么？
- 《雷雨》中有很多"巧合"，你如何看待这些"巧合"？
- 曹禺说蘩漪"应该能动我的怜悯和尊敬"，作者为何怜悯蘩漪？你对蘩漪"竟然"获得作者的"尊敬"有怎样的看法？
- 鲁侍萍哀叹："你们妈的命太苦，我们的命也太苦了。"你如何理解她说的"命"，以及悲剧中的"命运"？
- 悲剧显现了世间的残忍和毁灭，请说一说，悲剧为什么是美的？我们能从《雷雨》中体验怎样的美感？
- 曹禺希望《雷雨》收束时"观众的感情应又恢复到古井似的平静"，

> 还希望"看戏的人们回家,带着一种哀静的心情",你如何理解"古井似的平静"和"哀静"?现在学完了《雷雨》,你的心情是怎样的?

《雷雨》1934年于《文学季刊》首发。1935年4月,《雷雨》在东京首演,导演吴天等人致信曹禺,说由于剧本太长,"把序幕和尾声不得已删去了"。曹禺回信说①:

> 我写的是一首诗,一首叙事诗,……这固然有些实际的东西在内(如罢工……等),但决非一个社会问题剧。……在许多幻想不能叫实际的观众接受的时候,……我的方法乃不能不推溯这件事,推,推到非常辽远的时候,叫观众如听神话似的,听故事似的,来看我这个剧,所以我不得已用了"序幕"和"尾声",而这种方法犹如我们孩子们在落雪的冬日,偎在炉火旁边听着白头发的老祖母讲从前闹长毛的故事,讲所谓"Once upon a time"的故事,……尔难道不喜(怨我夸张一点这是作者的虚荣心,尔且放过了这个),雷声轰轰过去,一个男子(哥哥)在黑得像漆似的夜里,走到一个少女(妹妹)窗前说着呓语,要推窗进来,那少女明明喜欢他,又不得不拒绝他,死命地抵着窗户,不让他亲近的场面,尔难道不觉得那少女在母亲面前跪誓,一阵一阵的雷声(至于雷雨象征什么,那我也不能很清楚地指出来,但是我已经用力使观众觉出来),那种莫名其妙的神秘终于使一个无辜的少女做了牺牲,这种原始的心理有时不也有些激动一个文明人心魂么?使他觉到自然内更深更不可测的神秘么?……但是假若我们认定这是老早老早的一个故事,在我们那 Once upon a time 的序幕前提下(序幕和第一幕只差十年,这是没有法子的事,不过这也给了相当辽远的感觉)。于是这些狂肆的幻想也

---

① 这封信于《雷雨》首演后载于1935年7月15日《杂文(东京)》。参见孔庆东:《从〈雷雨〉的演出史看〈雷雨〉》,载《中国现代文学研究丛刊》1991年第3期;池周平:《〈雷雨〉研究资料》,长江出版社2020年版,第16页。

可以稍稍松了一口气，叫观众不那样当真地问个究竟，而直接接受了它，当一个故事看。……再，我的朋友！那序幕中的音乐是 Bacb① 作的 High Mass in B Minor Benedictus qui venait Domino Nomini，那点音乐是有点用意的，请设法借一唱盘，尔便会明白这点音乐会把观众带到远一点的过去境界内，而又可以在尾声内回到一个更古老、更幽静的境界内的。这剧收束应该使观众的感情又恢复到古井似的平静，但这平静是丰富的，如秋日的静野，不吹一丝风的草原，外面虽然寂静，我们知道草的下面，嗡嗡叫着多少的爬虫，落下多少丰富的谷种呢。

这段文字中的每一句话都值得仔细理解和揣摩，是极好的文学审美教育。请注意，曹禺明确说《雷雨》"决非"一个社会问题剧，为了让人们真正将《雷雨》当作一个艺术作品去欣赏，"不得已"用了"序幕"和"尾声"，期望藉此将《雷雨》中发生的悲剧"推到非常辽远的时候，叫观众如听神话似的，听故事似的"。这样做是要产生超现实效应，让读者、观众从当下的、具体的社会现实中抽离出来，使政治的归政治、艺术的归艺术。但是，很多编剧、导演、观众没有理解或不能接受曹禺的这个愿望。曹禺问，"尔难道不喜"某种场面？"尔难道不觉得"更深更不可测的神秘？遗憾的是，曹禺可能要失望了，很多读者包括语文教师，都不喜欢也不理解《雷雨》中动人的场面与神秘感，他们喜欢对《雷雨》中的是非曲直断得清清楚楚，给各个人物提出明明白白的建议，并毫不含糊地对资本主义社会进行严厉的批判。

曹禺说："这剧收束应该使观众的感情又恢复到古井似的平静"。这本质上是文学阅读后的情感升华，蕴含触及灵魂的美感。曹禺极力引导读者将《雷雨》当作故事看，我们理解什么是故事吗？我们会在语文课堂上给学生讲好一个故事吗？黑格尔在《艺术是人生的奢侈》中说②：

---

① 应为 Bach，巴赫，德国著名作曲家。
② 黑格尔:《美学》，寇鹏程译，重庆出版社 2016 年版，第 24 页。

人生诸事，大多需要严肃面对，这使人精神紧张。然而艺术却恰恰相反，不管是创造艺术或是享受艺术，这一过程都如一场愉快的游戏，给人带来精神上的松弛和心灵上的软化。但若是以科学研究般严谨刻板的方式来研究艺术，就未免亵渎了艺术之美。

艺术严肃派认为艺术可以调和人的理性与感性、愿望与职责的冲突，即使它的确达到了这一功能，也是有害的，因为艺术采取的手段多是幻象，且与现实相背离，因此不宜作为科学研究。

曹禺说要把《雷雨》当一个故事看，恰如黑格尔所说艺术是"一场愉快的游戏"；曹禺还叫观众"不那样当真地问个究竟"，黑格尔也说以科学的方式研究艺术是对艺术的亵渎。依黑格尔的观点，《雷雨》的欣赏是"人生的奢侈"，这是多么重要的使学生的心灵获得审美滋养的机会！曹禺为1936年文化生活出版社出版的《雷雨》作序，他在序中再次谈到了"序幕"和"尾声"的问题[①]：

在此地我只想提出"序幕"和"尾声"的用意，简单地说，是想送看戏的人们回家，带着一种哀静的心情。低着头，沉思地，念着这些在情热、在梦想、在计算里煎熬着的人们。荡漾在他们的心里应该是水似的悲哀，流不尽的；而不是惶惑的，恐怖的，回念着《雷雨》像一场噩梦，死亡，惨痛如一支钳子似地夹住人的心灵，喘不出一口气来。《雷雨》诚如有一位朋友说，有些太紧张（这并不是一句恭维的话），而我想以第四幕为最。我不愿这样戛然而止，我要流荡在人们中间还有诗样的情怀。"序幕"与"尾声"在这种用意下，仿佛有希腊悲剧 Chorus[②] 一部分的功能，导引观众的情绪入于更宽阔的沉思的海。

---

① 转引自孔范今：《中国现代新人文文论》，山东文艺出版社2005年版，第466页。
② 古希腊戏剧中解释剧情的歌队、合唱队。

"送看戏的人们回家，带着一种哀静的心情"！多数读者能从《雷雨》中体会到"哀""静"是一种怎样的体验吗？这种体验对悲剧审美为什么重要？如何获得这种体验？黑格尔在《静穆的艺术》中说[①]：

> 悲剧中的主角都遭受着命运的折磨，但他们却露出一种简单的自在心情，似乎在说"事情就是这样"。……束缚在命运的枷锁上的人可以丧失他的生命，但是不能丧失他的自由。这种守住自我的镇定使人在苦痛本身里也能保持且显现出静穆的和悦。……浪漫型艺术把烦恼和痛苦表现得比在古代艺术里更能深刻地激发情绪和主体内心生活，还表现出一种心灵的温柔亲密，一种安静怡情的喜悦，一种在烦恼痛苦中的泰然自若，甚至是一种在苦刑下的狂欢。这种表现在一般浪漫型艺术里可以说是通过带泪的微笑来表现的。

"静穆的和悦""带泪的微笑"，这是悲剧中的高级审美！还记得本书第一部分提到的那位因看到男女主人公发生矛盾而冲上戏台揪住男演员并与其理论的女士吗？那位女士在看戏时必然怀着"火一般的愤怒"而不是"水似的悲哀"，前者把一切付之一炬，这种情况下不可能存在艺术审美。曹禺说《雷雨》是一首诗，他希望读者看完《雷雨》后能感受"诗样的情怀"。《雷雨》是艺术欣赏的好素材，《雷雨》的赏析是培养学生审美修养的好机会，我们应把握此机会，深刻理解《雷雨》的悲剧意蕴，切不可陷入简单的善恶评价和社会批判的窠臼。下面对《雷雨》中的残忍、悲悯及宿命进行分析，在此基础上理解《雷雨》何以永恒。

一、《雷雨》中的残忍

很多教师把《雷雨》讲成社会问题剧，一个重要的原因是没有理解作

---

① 黑格尔：《美学》，第48—49页。

品的悲剧意味，未能从审美视角体会作品揭示的残忍。曹禺在《〈雷雨〉序》中说：

> 《雷雨》所显示的，并不是因果，并不是报应，而是我所觉得的天地间的"残忍"。（这种自然的"冷酷"，四凤与周冲的遭际最足以代表，他们的死亡，自己并无过咎。）如若读者肯细心体会这番心意，这篇戏虽然有时为几段较紧张的场面或一两个性格吸引了注意，但连绵不断地若有若无地闪示这一点隐秘——这种种宇宙里斗争的"残忍"和"冷酷"。

请注意曹禺说的"残忍"，这是悲剧的要素。《道德经》第五章有言："天地不仁，以万物为刍狗"。残忍普遍地、不可避免地存在于人类生活中，人们对世间的种种残忍不可能视而不见，《雷雨》就是作者凝视、感喟这残忍的产物。对于周冲，曹禺说："这么一个可爱的生命偏偏简短而痛楚地消逝，令我们情感要呼出：'这确是太残忍的了'。"是啊，太残忍了！而且《雷雨》中人物的遭遇让我们感觉残忍的，又何止周冲一个？

（一）三个层面的残忍

本书第一部分曾分析，人有生理、精神、灵魂三个层面的存在，这三个层面的矛盾与伤害都会让人感到残忍。[①] 悲剧中很可能有生理层面的伤害，这会让人觉得残忍，但文学中的悲剧一定有精神乃至灵魂层面的矛盾与冲突。人的精神和灵魂有多丰富，对残忍的感受和认识就有多深刻。人们借助悲剧凝视、审思世间的残忍及其引发的痛苦，并藉此产生对痛苦的领悟与超越，这是悲剧审美的要义。就像本书第一部分指出的，我们从文学作品中体验生理、精神、灵魂三个层面的美感，面对灵魂层面的残忍并从中获得慰藉

---

① 汝信：《黑格尔的悲剧论》，载《从美的理念到美的实践——汝信美学文选》，山东文艺出版社2019年版，第1—45页。

与领悟，这带来了最高层次的审美体验。生理与精神层面的残忍可以进行理性分析或是非判断，而灵魂层面的残忍很难做到这一点。如曹禺所说，四凤和周冲都没有"过咎"，却都经历了巨大的痛苦并最终失去了生命，这一切是"谁"造成的？曹禺归之于"种种宇宙里斗争的'残忍'和'冷酷'"。这样的说法是不是很"玄"呢？是的，但这不正是本书第一部分指出的——触及灵魂美感的文学超越智识、不可言说、难以解释、有宗教意味吗？

周朴园年轻时爱上侍萍又抛弃了她和刚出生的儿子鲁大海（冠继父鲁贵的姓），二人的另一个儿子周萍从小被寄养在乡下。周朴园娶了繁漪并有了儿子周冲，繁漪却与继子周萍有不伦之恋，可周萍和周冲都爱上了侍萍与鲁贵的女儿四凤。雷电交加之夜，周朴园道出了真相，四凤冲出客厅触电而死，周冲出来寻找四凤也触电而死，周萍开枪自杀，鲁大海出走，侍萍和繁漪都疯了。当我们看着这一切，一定会发出和曹禺一样的呻吟："太残忍了！"这残忍是从灵魂发出的拷问，我们无法用理性去分析和解释这一切——为什么他（她）爱的偏偏是她（他）？为什么几十年后要再相见？为什么明知不能相爱还执意去爱？为什么真相一直被隐瞒而又在这一刻被揭开？为什么电线那么巧就断在了雷雨之夜？

（二）何来残忍

曹禺说，《雷雨》显现了由种种斗争引发的"残忍"和"冷酷"，"在这斗争的背后或有一个主宰来使用他的管辖。这主宰，希伯来的先知们赞它为'上帝'，希腊的戏剧家们称它为'命运'"。曹禺提示我们，某种巨大的、不可控的力量催生了人世间的诸多残忍。我们来看古希腊欧里庇得斯的名作《美狄亚》的故事梗概。①这出悲剧的背景是"盗取金羊毛"的神话故事。伊阿宋在科尔喀斯想要盗取金羊毛，他在神的旨意下俘获了国王之女、巫女美

---

① 欧里庇得斯：《欧里庇得斯悲剧五种》，罗念生译，上海人民出版社2016年版，第87—179页。"盗取金羊毛"的神话故事见第173—179页。

狄亚的芳心，并成功得到金羊毛。两人被追杀到海边。为了和伊阿宋一起逃走，美狄亚把自己的弟弟砍成几块扔给父亲以减缓追兵速度，二人最终逃离了科尔喀斯。伊阿宋和美狄亚生儿育女，定居在科林斯。科林斯国王想把女儿嫁给伊阿宋，伊阿宋为此抛妻弃子，美狄亚劝说无果后杀死了他们的两个孩子以报复伊阿宋。下面是美狄亚的内心独白：

　　唉！唉！我的孩子，你们为什么拿这样的眼睛望着我？为什么向着我最后一笑？哎呀！我怎么办呢？朋友们，我如今看见他们这明亮的眼睛，我的心就软了！我决不能够！我得打消我先前的计划，我得把我的孩儿带出去。为什么要叫他们的父亲受罪，弄得我自己反受到这双倍的痛苦呢？这一定不行，我得打消我的计划。——我到底是怎的？难道我想饶了我的仇人，反遭受他们的嘲笑吗？我得勇敢一些！我竟自这样脆弱。使我心里发生了这样软弱的思想！……哎呀呀，我的心呀，快不要这样跳！可怜的人呀，你放了孩子。饶了他们吧！即使他们不能同你一块儿过活，但是他们毕竟还活在世上。这也好宽慰你啊！——不，凭那些住在下界的报仇神们起誓，这一定不行，我不能让我的仇人侮辱我的孩儿！无论如何，他们非死不可！……命运既然如这样注定了，便无法回避。……我的心啊，快坚强起来！为什么还要迟疑，不去做这可怕、必须做的坏事！啊，我这不幸的手呀，快拿起，拿起宝剑，到你的生涯的痛苦的起点上去。不要畏缩，不要想念你的孩子多么可爱，不要想念你怎样生了他们，在这短促的一日之间暂且把他们忘掉，到后来再哀悼他们吧。他们虽然是你杀的。你到底也心疼他们！——啊，我真是个苦命的女人！

　　"无论如何，他们非死不可""命运既然如这样注定了，便无法回避""我这不幸的手呀，快拿起，拿起宝剑，到你的生涯的痛苦的起点上去"。谁杀死了两个天真无辜的孩子？是美狄亚，更是曹禺所说的"斗争的背后的主宰"！何其冷酷，何其残忍！美狄亚有可恶之处，但她也很可怜、很不幸，命运对她也很残忍——美狄亚哀叹："我真是个苦命的女人！"这不禁让我们想起《雷雨》中的蘩漪。

我们再来看《史记·赵世家》中一个著名的历史故事。赵氏先祖在晋景公三年（前597年）遭族诛之祸，程婴和公孙杵臼找了一个婴儿假扮赵朔遗腹子赵武，使其幸免于难，而公孙杵臼和婴儿被杀死。这个故事在宋元之际被改编成剧本《赵氏孤儿》，剧中"杀婴"这一情节有所改变，程婴以自己的孩子而不是找了一个婴儿冒充赵武。如此改编可能因为编者觉得让他人的婴儿送死实在有悖道义，同时，牺牲自己的孩子更显悲壮。这两出悲剧显示，血腥和残忍伴随着人类发展的历史，年代越久远，暴力与杀戮越普遍，包括屠城、灭门、弑父、弑子、坑杀、手足相残、株连、陪葬、抢亲，等等。只要人类社会还存在资源匮乏、权利争斗、情感纠葛，就会生发残忍并形成悲剧。艾青于1933年写下《大堰河——我的保姆》，艾青的乳母为了给地主的儿子哺乳，溺死了自己出生不久的女儿，这即是距今90年前残忍的一幕。① 美狄亚的两个孩子、程婴的儿子、艾青保姆的女儿，他们的遭遇都显现了世间最惨烈的残忍，"谁"造成了这一切？"谁"应为此负责？真如曹禺所说是"上帝""命运"所为吗？对此人们可以反抗、可以躲避吗？美狄亚、程婴、艾青的保姆应受到谴责吗？这是时代和社会造成的吗？随着时代和社会的进步，世间的残忍会变少乃至消失吗？显然，这些问题无法完全基于理性思考予以解答，甚至，这些问题没有答案。那么，我们该怎么面对《雷雨》及其他悲剧作品中的残忍呢？

（三）唯有悲悯

《雷雨》中的主人公，除了周朴园，每一个人的下场都很惨！本文开头强调，不要对《雷雨》进行社会批评，或对人物的是非对错进行评判，这牵涉一个关键的审美问题：如何面对悲剧中的残忍？

---

① 艾青在1942年儿童节写的《赎罪的话》中说："我曾听说，我的保姆为了穷得不能生活的缘故，把自己刚生下的一个女孩，投到尿桶里溺死，再拿乳液来喂养一个地主的儿子。"见《艾青全集（第五卷）》，花山文艺出版社1991年版，第47页。

当我们目睹侍萍悲惨的人生，怎能不谴责周朴园的冷酷、虚伪？当我们看到繁漪对周萍畸形的占有及对其寻求真爱的阻挠，怎能不对她心生嫌恶？当我们看到鲁大海的抗争，怎能不同情他并批判社会的黑暗？我们承认这些情感和反应都是合理的，但是，《雷雨》是一部文学作品，我们首先要以审美的态度面对它及其中的残忍。举个例子，一位医生值班时有两个满身鲜血的伤者被送来，一个是受害者，一个是加害者，受害者是拖欠工人工资的老板，加害者是讨要工资不得反被老板羞辱的工人，他一怒之下用刀刺伤了老板并试图自杀。此时医生应该怎么做？他只能尽医生的本分，利用自己的专业技能尽全力对二人实施救治。这位医生如果了解事情的来龙去脉，自然会产生是非判断和好恶之情，但其专业身份要求他不能因此影响自己的医疗行为。受害者和加害者都会受到法律惩处，我们的社会也需要改进用工制度，但这是法官、政策制定者而不是医生的任务。同样，品读《雷雨》是文学赏析，生发感动获得文学美感是第一要务。

那么，我们该如何面对《雷雨》中的残忍？——唯有悲悯。曹禺在《〈雷雨〉序》中写道：

我用一种悲悯的心情，来写剧中人物的争执。我诚恳地祈望着看戏的人们，也以一种悲悯的眼来俯视这群地上的人们。……我是个贫穷的主人，但我请了看戏的宾客升到上帝的座，来怜悯地俯视着这堆在下面蠕动的生物。……周萍悔改了"以往的罪恶"，他抓住了四凤不放手，想由一个新的灵感来洗涤自己。但这样不自知地犯了更可怕的罪恶，这条路引到死亡。繁漪是个最动人怜悯的女人。她不悔改，她如一匹执拗的马，毫不犹疑地踏着艰难的老道。她抓住了周萍不放手，想重拾起一堆破碎的梦，救出自己，但这条路也引到死亡。

悲悯，既是作者创作《雷雨》的情感驱动，也是读者应有的情感反应。如前所述，《雷雨》中的侍萍、四凤、周萍、周冲、繁漪都是不幸的，命运对他们都非常残忍，四凤、周萍、周冲悲惨地死去，繁漪和侍萍也都疯了。

他们都是可怜人，每个人都伤痕累累，都值得人们一掬悲悯的泪水。作者怀着怜悯，把浸在血污中的他们捧给读者看，先把是非对错放一边，向这些饱受摧残的人投以悲悯的目光吧。

下面有关命运和宿命的分析会让我们意识到，过去、现在和未来，世上的残忍是永恒存在、挥之不去的，所有人都可能遭遇各种不幸，怜悯《雷雨》中的人们就是怜悯我们自己，就是给世间所有人包括我们自己以同情和慰藉。

二、《雷雨》中的宿命

也许有学生会问，《雷雨》中的一切都太巧合了吧？是啊，有很多巧合，我们可以跟学生解释这是"无巧不成书"。但为什么会有这些巧合？这些巧合是必然的吗？教学中很多教师将《雷雨》主人公的遭遇归于两个原因：一是人心之坏与人性之恶，二是吃人的旧社会。但曹禺不是这么想的，他在《〈雷雨〉序》中说：

《雷雨》对我是个诱惑。与《雷雨》俱来的情绪蕴成我对宇宙间许多神秘的事物一种不可言喻的憧憬，《雷雨》可以说是我的"蛮性的遗留"，我如原始的祖先们对那些不可理解的现象睁大了惊奇的眼。我不能断定《雷雨》的推动是由于神鬼，起于命运或源于哪种显明的力量。

曹禺多次提到"命运"——主宰《雷雨》中人和事的绝对力量。命运是悲剧中的一个重要元素，广义的悲剧指各种悲惨、不幸、灾难等事件及其表现，狭义的悲剧特指文学悲剧，尤其是其中的命运悲剧。悲剧的英文是 tragedy，它有两个关键解释：（1）an event resulting in great loss and misfortune（导致巨大丧失与不幸的事件）。（2）drama in which the protagonist is overcome by some superior force or circumstance（主角被某种主宰性的力量或环境压制、摧毁的戏剧）。第一个解释强调巨大的丧失与不幸，由此我们能看到前面所分析的"残忍";第二个解释指出悲剧主角被某些"主宰性的力量"压制,该力量即为曹禺所说的"命运"。

在中国文化中,"命运"的含义是怎样的?甲骨文的"命"和"令"是同一个字,都是指发布命令,到了西周"令"叠加"口"分化出"命"。毛公鼎著"膺受大命","大命"即天命,铭义为服从、接受上天的命令。"命"还有生死、贫富和一切遭遇之义,《周易·乾》有言:"乾道变化,各正性命"。"运",本义是运行、运转、转动,《说文》释曰:"运,移徙也。""运"作名词时则为运气、命运之义。

(一)"命运"的绝对统治力

由上述分析可见,"命运"是绝对的统治性的力量,它安排了人与事物的发生与发展、相遇与分离、相亲或相憎、繁荣或萧瑟、生发或毁灭……人只能听从命运的安排,所有对命运的反抗注定是无效的、徒劳的。曹禺在《〈雷雨〉序》中写道:

> 我念起人类是怎样可怜的动物,带着踌躇满志的心情,仿佛是自己来主宰自己的运命,而时常不是自己来主宰着。受着自己——情感的或者理解的——捉弄,一种不可知的力量的——机遇的,或者环境的——捉弄;生活在狭的笼里而洋洋地骄傲着,以为是徜徉在自由的天地里,称为万物之灵的人物不是做着最愚蠢的事么?……在这些人不知道自己的危机之前,蠢蠢地动着情感,劳着心,用着手,他们已彻头彻尾地熟悉这一群人的错综关系。我使他们征兆似地觉出来这酝酿中的阴霾,预知这样不会引出好结果。……他们怎样盲目地争执着,泥鳅似地在情感的火坑里打着昏迷的滚,用尽心力来拯救自己,而不知千万仞的深渊在眼前张着巨大的口。他们正如一匹跌在泽沼里的羸马,愈挣扎,愈深沉地陷落在死亡的泥沼里。

多么令人惊骇!但这也是《雷雨》最动人的地方,它揭示了残忍的真相——人们不知他们的遭遇是被安排好的，而且无法改变与摆脱——这即是宿命。

古希腊索福克勒斯于两千多年前写下《俄狄浦斯王》，被亚里士多德誉为最完美的悲剧①。它是一部经典的命运悲剧，其内容源自有关俄狄浦斯的古希腊神话②：

忒拜王拉伊奥斯年轻时曾劫走国王佩洛普斯的儿子克律西波斯，因此遭到诅咒，他的儿子俄狄浦斯出生时，德尔菲神殿的神谕表示他会被儿子杀死。为了逃避厄运，拉伊奥斯刺穿新生儿的脚踝并命一个牧人将其丢弃在野外。牧人心生怜悯，偷偷将婴儿转送给科林斯的国王波吕波斯，俄狄浦斯被当作亲生儿子般扶养长大。俄狄浦斯长大后得知了他会弑父娶母这一诅咒，不知道科林斯国王与王后并非自己亲生父母的俄狄浦斯，同样为了逃避厄运而离开科林斯并发誓永不再回来。俄狄浦斯流浪到忒拜附近时，与一群陌生人发生冲突并失手杀了人，其中就有他的亲生父亲。当时的忒拜被狮身人面兽斯芬克斯所困，他抓住每个路过的人，如果对方无法解答他出的谜题，便将对方撕裂吞食。忒拜宣布谁能解开谜题，便可获得王位并娶国王的遗孀约卡斯塔为妻。俄狄浦斯解开了斯芬克斯的谜题，继承了王位，并在不知情的情况下娶了自己的生母为妻。后来，俄狄浦斯统治的国家不断有灾祸与瘟疫，他向神请示，想知道为何会降下灾祸。最后在先知提瑞西阿斯的揭示下，俄狄浦斯才知道他是拉伊奥斯的儿子，终究应验了他之前弑父娶母的命运。震惊不已的约卡斯塔上吊自杀，悲愤难当的俄狄浦斯则刺瞎了自己的双眼。

《俄狄浦斯王》何以伟大，何以不朽？因为它以艺术的手法揭示了世界的真相与本质，让人们看到巨大、威严、可怖、无远弗届的"命运"的力量。

---

① 参见罗念生：《古希腊罗马文学》，上海人民出版社 2016 年版，第 408 页。
② 英格丽·多莱尔等：《多莱尔的希腊神话书》，熊裕译，北京联合出版公司 2020 年版，第 150—153 页。

（二）《雷雨》中的"命运"

《雷雨》与《俄狄浦斯王》一样，就是一出典型的命运悲剧，二者有相似的叙事模式：矛盾、冲突、伤害都发生于亲人之间。

《俄狄浦斯王》中，俄狄浦斯及其生父都尝试避免厄运——父亲刺穿儿子的脚踝并弃之荒野，儿子则在获知神谕后远离自己的父母（实际上是养父母，这意味着他只获知了部分真相）。《雷雨》中，周朴园抛弃了侍萍母子，二人实际上获得了不再遭遇的机会——他们主观上也不想再有纠葛。但鬼使神差般的，导致灾难的遭遇还是发生了，他们都无法逃脱命运的安排乃至挟制。

《俄狄浦斯王》中，神公布真相后俄狄浦斯刺瞎了自己的双眼，约卡斯塔上吊自杀。《雷雨》中，周朴园说出真相引发了四凤、周冲、周萍的死亡，繁漪及侍萍则堕入疯癫。

所有这一切，都彰显了命运冷酷和绝对力量，所有的人与事必须服从命运的安排。我们来看《雷雨》中表现命运力量的文字：

[鲁]哦，天哪。我是死了的人！这是真的么？这张相片？这些家具？怎么会？——哦，天底下地方大得很，怎么？熬过这几十年偏偏又把我这个可怜的孩子，放回到他——他的家里？哦，好不公平的天哪！

侍萍感到非常惊骇！天下何其大，可是周朴园从南方搬到北方，侍萍辗转嫁人，竟然也来到这座城市，而且其丈夫就在周朴园家做仆人，还瞒着侍萍把女儿也介绍到周家做女仆！侍萍不禁感慨这老天不公平，可这就是命啊！

[朴]（忽然严厉地）你来干什么？
[鲁]不是我要来的。
[朴]谁指使你来的？

[鲁]（悲愤）命，不公平的命指使我来的!

周朴园还是那个冷酷的周朴园，侍萍气急说是"命"指使她来的。可是，"命"指使她来做什么呢？让人难过的是，侍萍不知道命运将要安排一场大灾难。

[鲁]……你结了婚，就搬了家，我以为这一辈子也见不着你了；谁知道我自己的孩子偏偏要跑到周家来，又做我从前在你们家里做过的事。
[朴]怪不得四凤这样像你。
[鲁]我伺候你，我的孩子再伺候你生的少爷们。这是我的报应，我的报应。

"命定"！命运已经安排了一次伤害，现在又要安排相同甚至更惨烈的伤害乃至毁灭，真是残忍！明明是无辜者、受害者，却认为这是自己的报应，何其残忍！

[四]（低头）我疼您，妈，我怕，我不愿意有一点叫您不喜欢我，看不起我，我不敢告诉您。
[鲁]（沉痛地）这还是你的妈太糊涂了，我早该想到的。（酸苦地，忽而）天，这谁又料得到，天底下会有这种事，偏偏又叫我的孩子们遇着呢？哦，你们妈的命太苦，我们的命也太苦了。

俗语说，"麻绳专挑细处断，厄运专找苦命人"，她们真的是"命也太苦了"，而且料不到，也逃不掉啊！这就是所谓的"天地不仁"吧，除了承认、接受，还能怎么办呢？

[鲁]（向四凤，哀婉地）过来，我的孩子，让我好好地亲一亲。（四凤过来抱母；鲁妈向萍）你也来，让我也看你一下。（萍至前，低头，鲁望他，

擦眼泪）好，你们走吧！我要你们两个在走以前，答应我一件事。

［萍］您说吧。

［鲁］你们不答应，我还是不要四凤走的。

［四］妈，您说吧，我答应。

［鲁］（看他们两人）你们这次走，最好越走越远，不要回头，今天离开，你们无论生死，永远也不许见我。

看到这里，读者的心都要碎了！这是侍萍最后与命运的抗争。但就像曹禺说的，这是徒劳的，"愈挣扎，愈深沉地陷落在死亡的泥沼里"！侍萍以为他们二人"走得远"就能逃脱厄运，可她怎知，厄运安排的大毁灭马上就要发生了！

《雷雨》中有一个细节值得注意，繁漪对鲁贵说："你出去叫一个电灯匠，刚才我听说花园藤萝架上的旧电线落下来了，走电，叫他赶快收拾一下，不要电了人。"但是，电线没来得及修，雷雨中四凤冲出去被电死，周冲去拉她也中电，目睹这一切的周萍饮弹自尽。这个情节非常惊悚，它呈现出强烈的宿命感，所有的一切都像预先安排好的，无论如何都是无法逃脱的。很多文学悲剧中，灾难往往伴随着隆隆的雷声、暴雨、飓风等，这些是命运不可抗力的象征，显现出极度的威严。至此我们可以看到，《雷雨》中那么多巧合本质上就是命运的安排。不幸的是，人们必须听从这样的安排，残忍的是，所有的挣扎都是徒劳的。

（三）"命运"中的审美要素

有些学生可能会说："老师，我是无神论者，我不相信'命运'这种迷信的说法。"对此教师应如何回应呢？罗念生指出，希腊悲剧不十分涉及道德问题，悲剧中所谓的道德观念是隐伏在宗教里的。他说[①]：

---

① 罗念生：《古希腊罗马文学》，第298页。

这些悲剧往往提出一个受苦底问题，雅典的观众对这问题要求一个回答。爱斯苦罗斯（Aeschylus）在他的歌里，表示他自己对于罪罚与净洗底见解。这位诗人把他的宗教见解印入他的人物当中，将宗教与艺术合为一体。

悲剧中的命运、宿命呈现的就是宗教感。绝大多数中国人不信宗教，但这并不是说我们没有宗教感，宗教感的本质是对事物超理性、超逻辑的感受与信念。一个追求理性、逻辑的科学家，极有可能拉着爱人的手说："你是上天给我的最好的礼物，如果有来生，希望我们还能在一起。"这样的表达多么自然、温馨，我们会说这是迷信吗？肯定不会！这是一种情感和信念的表达。此外，在我们当下的生活中，有没有一些人非常不幸、命运多舛，与两千多年前的俄狄浦斯及《雷雨》中众人的遭遇并无根本不同？答案是肯定的。本质上，这些不幸体现了人在面对诸多危机时的无力与无奈，我们与曹禺和雅典的观众一样想要一个回答："为何如此""何以至此"？！命运、宿命可能是唯一的答案。

我们面对学习、生活中的诸多困难和挫折——如"成绩不好""工作效率低""专业选择失误"——会提出"为何如此"及"如何改进"的问题，对这些问题应当进行理性分析，思路正确及条件具备的话，这些问题是可以解决的，即使不能解决，我们也知道原因是什么。可命运悲剧中的丧失和损毁都是不可解、不可控的，《雷雨》中众人的遭遇不就是这样吗？就像曹禺评价蘩漪："爱这样的女人，需有厚的口胃，铁的手腕，岩似的恒心。而周萍，一个情感和矛盾的奴隶，显然不是的。不过有人会问为什么她会爱这样一棵弱不禁风的草。这只好问她的运命，为什么她会落在周朴园这样的家庭中。"本书第一部分呈现了射击运动员埃蒙斯的经历，两次触到奥运金牌，却都鬼使神差般地出现不可思议的失误，还都把金牌"送"给了中国运动员。面对这一切，我们恐怕只能慨叹："天啊，怎么会这样？"网络上将他的遭遇称为"奥运魔咒"，谁发出的"魔咒"？不就是命运、宿命吗？用命运、宿命来解释悲剧中的不幸不是迷信，而是表达怜悯的一声叹息，是承认人的弱小、局限后的一种释然，是注视命运掀起的滔天巨浪中的被掀翻的小船时悄悄擦去的泪水。

三、《雷雨》何以永恒

1881年，哈佛大学上演六场希腊原文剧本《俄狄浦斯王》，每场观众近千人。观众从头到尾都像着了迷，屏息静听。戏结束时，静一会儿掌声才响了起来，忽然又同时停止，此后观众才静静地退了出去。[①] 观众看《俄狄浦斯王》的这些表现不就是曹禺所说的"哀静"吗？"哀静"是情思升华的表现，即人们基于艺术赏析，能够从更高的视角看待事物，能够迫近人生最重大的问题，能够获得超现实的领悟，这是优秀的悲剧包括《雷雨》得以永恒的关键原因，也是本书第一部分提到的高级的、触及心灵的美感的核心。下面以《雷雨》中蘩漪这个人物为例，我们来看曹禺是如何评价她的，进而感受其中蕴含的情思的升华：

我想她应该能动我的怜悯和尊敬，我会流着泪水哀悼这可怜的女人的。我会原谅她，虽然她做了所谓"罪大恶极"的事情——抛弃了神圣的母亲的天责。我算不清我亲眼看见多少蘩漪（当然她们不是蘩漪，她们多半没有她的勇敢）。她们都在阴沟里讨着生活，却心偏天样的高。热情原是一片浇不熄的火，而上帝偏偏罚她们枯干地生长在砂上。这类的女人，许多有着美丽的心灵。然为着不正常的发展，和环境的窒息，她们变为乖戾，成为人所不能了解的。受着人的嫉恶，社会的压制，这样抑郁终身，呼吸不着一口自由的空气的女人，在我们这个社会里，不知有多少吧。在遭遇这样的不幸的女人里，蘩漪自然是值得赞美的。她有火炽的热情，一颗强悍的心，她敢冲破一切的桎梏，做一次困兽的斗。虽然依旧落在火坑里，情热烧疯了她的心，然而不是更值得人的怜悯与尊敬么？这总比阉鸡似的男子们，为着凡庸的生活，怯弱地度着一天一天的日子更值得人佩服吧。

[①] 参见罗念生：《古希腊罗马文学》，第452页。

有一个朋友告诉我：他迷上了蘩漪，他说她的可爱不在她的"可爱"处，而在她的"不可爱"处。诚然，如若以寻常的尺来衡量她，她实在没有几分动人的地方。不过聚许多所谓"可爱的"女人在一起，便可以鉴别出她是最富于魅惑性的。这种魅惑不易为人解悟，正如爱嚼姜片的，才道得出辛辣的好处。所以必须有一种明白蘩漪的人，才能把握着她的魅惑。不然，就只会觉得她阴鸷可怖。平心讲，这类女人总有她的"魔"，是个"魔"便有它的尖锐性。也许蘩漪吸住人的地方，是她的尖锐。她是一柄犀利的刀。她愈爱的，她愈要划着深深的创痕。她满蓄着受着抑压的"力"，这阴鸷性的"力"，怕是造成这个朋友着迷的缘故。（《〈雷雨〉序》）

以世俗的眼光看，蘩漪做了所谓"罪大恶极"的事情，就像杀死自己的弟弟和儿子的美狄亚一样。但曹禺"怜悯"蘩漪——就像前面分析的，面对悲剧中的残忍我们应生发悲悯之心——这会让很多人不解，曹禺还对蘩漪表达尊敬，这会让人瞠目，进而，曹禺认为蘩漪值得赞美，我想这对所有人来说是振聋发聩的。

蘩漪与命运抗争的过程中表现出光彩和不凡，尽管其目标和手段存在偏差，但她追求爱的执着与不屈形成巨大的感召力，抑或曹禺所说的"魅惑"力。王国维评《赵氏孤儿》："剧中虽有恶人交构其间，而其蹈汤赴火者，仍出于其主人翁之意志，即列之于世界大悲剧中，亦无愧色也。"（《宋元戏曲考》）蘩漪不也怀着试图主宰自己命运的主人翁意志而赴汤蹈火吗？我们仿佛看到蘩漪以玉碎之姿要与让人窒息的世界搏斗，不惜与其共同毁灭。她被命运打倒在地，仍抬起满是血污的脸，其眼神中透露的勇敢与不屈给世人以巨大的感动和惊叹。

曹禺刻画的蘩漪，让我们于粪土之中看到一朵挺出的玫瑰，上面有刺，刺上有血，但它散发的明艳的光璀璨夺目、撼人心魄。世俗视域中的蘩漪及其行为让人不悦乃至嫌恶，但经过文学塑造，我们得以看到升华性的行为与人格特质，恰如粪土中生出璀璨的花，亦如顽石中剖出的玉。《雷雨》刺破了认知温室，破坏了认知稳态，激起了人们高级而深刻的理解与感动，我们由此获得对人、对人生更高层次、更深刻、更新异的认识，这是《雷雨》具有高级审美意蕴的关键。

命运严厉地对人们发号施令，所有人都必须听命、臣服于它，它惩罚一切反抗者，使其遍体鳞伤甚至毁灭消亡。命运得意地将人们玩弄于股掌之间，看他们落泪与哀嚎。因命运拨弄，一次次遭受不幸的人会将灾难和不祥归咎于自己，就像侍萍认为女儿的不幸是自己的报应，虽然她说不出自己做错了什么要受到这样的惩罚——真可怜啊！以文学注视并表现这样的可怜，源于人们内心的同情与慈悲，这为悲凉世界涂抹了一道暖色。人们写出悲剧尤其是命运悲剧，已显出勇敢的姿态，这不仅是凝视残忍与不幸，更是与命运的对视！包扎伤口，擦干眼泪，写下凄美的文字，为在不幸中受伤和逝去的人们谱写一曲挽歌。让我们和悲剧中不幸的人们一起，唱着这歌，挽起手，跟跟跄跄又坚定不移地怀着"哀静"的心情徐徐前行。

《故都的秋》:"因为懂得,所以慈悲"

关键教学问题

- 在充分了解郁达夫的人生经历之后,再来读《故都的秋》,说说你的感受。
- 很多网友写下自己的旅游经验,为何无法成为《故都的秋》一样的经典?《故都的秋》到底好在哪里?
- 自然和山水对于郁达夫来说意味着什么?这在《故都的秋》中是如何体现的?
- 结合老师提供的中国传统审美的资料,《故都的秋》中"清""静"有着怎样的审美意蕴?
- 郁达夫说"北国的秋……来得悲凉",你对此"悲凉"如何理解?它会给人以美感吗?为什么?
- 郁达夫说:"我的不远千里,……也不过想饱尝一尝这'秋',这故都的秋味。"谈谈你对郁达夫"不远千里"奔赴北平之秋的看法和感受。
- 郁达夫说:"这秋的深味,尤其是中国的秋的深味,非要在北方,才感受得到底。"如何理解他所说的"北平之秋的深味"?为什么这个"深味"要在北方才"感受得到底"?

1934年8月的一个早晨,郁达夫匆匆写下《故都的秋》,他也藉此享受了人生难得的片刻安宁与清净。

刘海粟在为郁云的《郁达夫传》所作的序中说:"达夫无意作诗人。但讲到他的文学成就，我认为诗词第一，散文第二，小说第三，评论文章第四。"刘海粟对郁达夫的散文评价很高，此为确评，《故都的秋》即为一篇优秀的散文。很多教师把《故都的秋》当作纯粹的写景之文来讲，这没有错，但未能讲出此文的好。本书第一部分"主题分析——升华及深化"中谈到，文字表现的风景往往不如图片、视频及亲眼所见生动、鲜明；更重要的，所有写景的文学尤其是中国作家的作品，文中的风景都是凭借和手段，写景是为了抒情，背后都有某种情志的驱动。我们从《故都的秋》中能看到美景，但更应看到作者的情志及背后的文化意蕴，这是最动人也是最具有美感的。

文本要置于其他资料构成的背景中进行解读，解读《故都的秋》尤其需要这样做。本篇解读相当多的内容都指向郁达夫的人生经历，因为这篇散文的气质与郁达夫人生样态的反差实在太大了。前面在解读《背影》时也指出，这样的反差使得文本的情意和美感被凸显出来。巧合的是，郁达夫也非常重视文本赏析时对背景资料的挖掘，他在《中国新文学大系·散文二集·导言》中引用了文极司泰（C.T.Winchester）为一本书所写序言的一段，以此说明深入了解作家人生经历的重要性：

若有人嫌这书的大部分的注意，都倾注入了各人的传记，而真正的批评，却只占了一小部分的话，那请你们要记着，像海士立脱（Hazlitt），像兰姆（Lamb），像特·昆西（De Quincey），像威尔逊（Wilson），像汉脱（Hunt）诸人所写的主题，都系取从他们自己的个人经验之内的。恐怕在其他一样丰富、一样重要的另外许多英国散文之中，像这样地绝对带有自叙传色彩的东西，也是很少罢。以常常是很有用的传记的方法来详论他们，在这里是对于评论家的唯一大道。他在能够评量那一册著作之先，必须要熟悉那作者的"人"才行。

郁达夫指出，文极司泰作序的书将大部分注意力指向作家的传记，因为"必须要熟悉那作者的'人'才行"。同样，我们必须对郁达夫"这个人"

极为熟悉，才能真正理解和欣赏《故都的秋》。汪曾祺在《谈风格》中提出自己"一直没想通的问题"："（归有光）一个思想迂腐的正统派，怎么能写出那样富于人情味的优美的抒情散文呢？"同样，对郁达夫其人其文了解越多，就越觉得《故都的秋》让人惊艳——如果说郁达夫的人生及其很多作品给人以"浊重"之感，《故都的秋》给人的感觉则是"雅净"。为此我们同样会发出疑问：一个遭受重重压力和困扰的人，怎么能写出这样雅致、清净的《故都的秋》？这个问题为我们赏析《故都的秋》提供了关键视角，使得我们能真正领略《故都的秋》别样的、动人的审美意味。

一、浊重背景

郁达夫有过自杀的念头，而且不止一次。他在《写完了〈茑萝集〉的最后一篇》中说："我抱了虚无的观念，在扬子江边，徘徊求死的事情也有过，但是柔顺无智的我的女人，劝我终止了。清明节那一天送女人回了浙江，我想于月明之夜，吃一个醉饱，图一个痛快的自杀，但是几个朋友又互相牵连的教我等一等。"郁达夫在散文《还乡记》中说："我错了，我不应该离开了你们，到那秽浊的人海中间去觅食去的。"郁达夫自认其生活于"秽浊"的世界，用一个较中性的说法，其人生可谓"浊重"，他活得很苦，生活中充满了矛盾、混乱、冲突、破碎。① 郁达夫多年来病痛缠身，经济上常处于窘迫之境，他有两段不幸的婚姻，两个儿子因病夭亡，其小说引发巨大争议，他投身抗日，最终客死异乡。

---

① 有关郁达夫的人生背景可参见以下资料：
郁云：《郁达夫传》，福建人民出版社 1984 年版。
陈子善、王自立：《郁达夫研究资料（共二集）》，花城出版社 1985 年版。
王自立、陈子善：《郁达夫研究资料（上、下）》，天津人民出版社 1982 年版。
袁庆丰：《郁达夫传：欲将沉醉换悲凉（第三版）》，中国传媒大学出版社 2010 年版。
袁庆丰：《郁达夫：挣扎于沉沦的感伤》，山东文艺出版社 1997 年版。
郁达夫：《郁达夫日记集》，浙江文艺出版社 1986 年版。
宋聚轩：《试论郁达夫创作中的消极思想》，《新文学论丛》1983 年第 3 期。

（一）童年之伤

郁达夫的童年是灰暗的，充满了痛苦。郁达夫在《归航》中写道：

你因了这灰暗的街上的行人，必要追想到你孩提时候的景象上去。这微寒静寂的晚间的空气，这幽闭落寞的夜行者的哀歌，与你儿童时代所经历的一样，但是睡在楼上薄棉被里，听这哀歌的人的变化却如何了？一想到这里，谁能不生起伤感的情来呢？

郁达夫在《悲剧的出生》中说："我所经验到的最初的感觉，便是饥饿，对于饥饿的恐怖，到现在还在紧逼着我。"由于奶水不足，母亲给他喂杂食，郁达夫不到 1 岁就患上了肠胃病。郁达夫 3 岁时父亲病死，姐姐 7 岁时被送到乡下做童养媳。郁家孤儿寡母经常受邻居和亲戚的欺凌，家里的田地被盗卖，堆在乡下的租谷被窃去，祖坟山的坟树被砍伐。郁达夫在《书塾与学堂》中写了"皮鞋风波"，从中可窥见其童年生活之辛酸：

是第二年春天开学的时候了，我们的那位寡母，辛辛苦苦，调集了几块大洋的学费书籍费缴进学堂去后，我向她又提出了一个无理的要求，硬要她去为我买一双皮鞋来穿。……为凑集学费之类，已经罗掘得精光的我那位母亲，自然是再也没有两块大洋的余钱替我去买皮鞋了，不得已就只好老了面皮，带着了我，上大街上的洋广货店里去赊去；当时的皮鞋，是由上海运来，在洋广货店里寄售的。

一家，两家，三家，我跟了母亲，从下街走起，一直走到了上街尽处的那一家隆兴字号。店里的人，看我们进去，先都非常客气，摸摸我的头，一双一双的皮鞋拿出来替我试脚；但一听到了要赊欠的时候，却同样地都白了眼，作一脸苦笑，说要去问账房先生的。而各个账房先生，又都一样地板起了脸，放大了喉咙，说是赊欠不来。到了最后那一家隆兴里，惨遭拒绝赊欠的一瞬间，母亲非但涨红了脸，我看见她的眼睛，也有点红起来了。不得已只好默默地旋转了身，走出了店；我也并无言语，跟在她的后面走回家来。到了家里，她先擤着鼻涕，上楼去了半天；后来终于带了一大包衣服，走下楼来了，我晓得她是将从后门走出，上当铺去以衣服抵押现钱的；这时候，我心酸极了，哭着喊着，赶上了后门边把她拖住，就绝命的叫说："娘，娘！您别去罢！我不要了，我不要皮鞋穿了！那些店家！那些可恶的店家！"

"皮鞋风波"给郁达夫造成了深重的影响。他说："自从这一次的风波以后，我非但皮鞋不着，就是衣服用具，都不想用新的了。拼命的读书，拼命的和同学中的贫苦者相往来，对有钱的人，经商的人仇视等，也是从这时候而起的。当时虽还只有十一二岁的我，经了这一番波折，居然有起老成人的样子来了，直到现在，觉得这一种怪癖的性格，还是改不转来。"

在《王二南先生传》中，郁达夫总结了自己气质个性的两个特点：一是"不恭少敬的天性"，二是"少年时期那种厌世偏向"。在《落日》中，郁达夫一再提到自己"自小害着一种自卑狂"，不时地感到"一种身世之悲"。在《孤独者》的"自传"一章中，郁达夫写他在杭州府中学的生活："因为是中途插班进去的学生，所以在宿舍里，在课堂上，都和同班的老学生们，仿佛是两个国家的国民。从嘉兴府中，转到了杭州府中，离家的路程，虽则是近了百余里，但精神上的孤独，反而更加深了！不得已，我只好把热情收敛，转向了内，固守着我自己的壁垒。"鲁迅曾指出："童年的情形，便是将来的命运。"(《上海的儿童》)郁达夫在《悲剧的出生》中将自己的童年形容为"空洞"，其性格孤僻、冲动、偏执，自卑与自负兼具，有强烈的不安全感和匮乏感，这些都和其童年经历脱不了干系，辛酸的童年生活塑造了他的人格，也塑造了他的人生观和价值观。

（二）情感纠葛

郁达夫在其人生中遭遇了明显的情感纠葛，主要表现在两方面：一是与长兄郁华的矛盾，二是两段婚姻尤其是第二段婚姻带来的冲突。

　　郁氏兄弟间的感情很深，郁达夫读中学及到日本留学都由大哥资助。郁达夫一生有两件大事，一是弃医从文，二是与第二任妻子王映霞的结合，忤逆了长兄，二人为此产生严重的龃龉。长兄对此二事极力反对，或苦口婆心，或声色俱厉，尤其是对郁达夫与王映霞结婚，更到了写信"大骂"的地步，但郁达夫仍一意孤行。郁达夫喜藏书，有了钱就买书，为此经济拮据，而长兄怀疑其有不检之行，郁达夫虽屡次告急却得不到长兄的资助。他在1917年2月15日的日记中发泄自己的愤懑与委屈，还草拟了一份遗嘱。3月初，郁达夫竟然写了一封长信（此信并未寄出）声明与长兄"绝交"，其中有"感父母之心亲，益觉弟兄之情伪"之语，颇显冲动与愤怒。

　　1917年8月，郁达夫由日本归国，奉母名与孙荃（1897—1978年）订婚。郁达夫对此包办婚姻极为不满，虽表面顺从却不断拖延，并写信给长兄申明"此生不愿婚娶矣"。1920年暑假，在母亲和孙家的一再要求下，郁达夫无奈从日本回国完婚。郁达夫和孙氏生下二男二女，对郁达夫而言，此婚姻缺乏爱情，二人于1927年分居。

　　1927年，郁达夫见到王映霞并爱上了她。郁达夫追求王的同时又良心不安，他在2月27日的日记中写道："我时刻忘不了映霞，也时刻忘不了北京的儿女。一想起（孙）荃君那种孤独怀远的悲哀，我就要流泪……"6月5日，郁王二人在杭州举行订婚仪式。郁达夫将他爱上王映霞后所写的日记编成《日记九种》，由北新书局推出，开创了新文学作家出版日记的先例。郁王婚后渐生嫌隙，1940年协议离婚。郁王二人的矛盾曾一度非常激烈，郁达夫在《大公报》上刊出了"乱世男女，离合本属寻常"之启事，指控映霞为逃妾云云，闹得满城风雨。郁达夫更写下《毁家诗纪》，以19首诗和一阕词并加注的方式披露其与王映霞的情感纠纷及婚变过程，藉此抒发内心怨怼并对王发出严厉指责，其中有"学青盲，假作痴聋耳""且由他、莺莺燕燕，私欢弥子""别有戴天仇恨在，国倘亡，妻妾宁非妓！先逐寇，再驱雉"之语。郁达夫还影印了王映霞的情人写给她的情书，遇到好朋友就送一套。

（三）贫病交加

郁达夫笔下塑造的很多人物不仅在肉体上贫病交加，精神上更是饱受折磨，其中最典型的两种疾病是肺结核与忧郁症。有学者指出①：

> 郁达夫堪称最频繁地触及疾病母题的中国现代作家。从最初的《沉沦》，到后来的《胃病》《茫茫夜》《空虚》《杨梅烧酒》《迷羊》《蜃楼》……小说中的男主人公经常生病：感冒、头痛、胃病、肺炎、忧郁症、肺结核、神经衰弱……差不多囊括了一个人所能罹患的所有疾病，而且常常一病就要一年半载才好，因此病院和疗养院也构成了小说中具有典型性的场景。

身心疾病一直困扰着郁达夫，这是其作品中频繁出现多种疾患的重要原因。②如上所述，郁达夫幼年时身体就不好，上学后仍疾患不断，在嘉兴府中学就读仅一学期，"五月病作，六月还家"。日本留学期间，青春期的苦闷和怀远之思又引发了郁达夫的忧郁情绪，至1916年春，一度发展成神经衰弱症。这一年春假考试，郁达夫因病发，七门功课只考了三门，病症持续将近半年，直到8月才见好转。郁达夫1928年所写的《灯蛾埋葬之夜》篇首就提到自己的神经衰弱症，最后说要到上海去看病，可见精神疾病困扰他多年。

郁达夫一生在经济上都颇拮据。他在《零余者》中感慨："不过令人愁闷的贫苦，何以与我这样的有缘？使人生快乐的富裕，何以总与我绝对的不来接近？"郁达夫年幼时，为了能让他和二哥到富阳和杭州读书，母亲将全部家业包括三间住房、六亩薄田和一部半"庄书"抵押出去。1911年，郁

---

① 吴晓东：《中国现代审美主体的创生——郁达夫小说再解读》，《中国现代文学研究丛刊》2007年第3期。
② 参见张逸如：《论郁达夫小说中的疾病叙事及其隐喻意义》，载《雏凤文存》，上海人民出版社2019年版，第304—315页。

达夫考入杭州府中学，因学费不敷，改入嘉兴府中学。离家住读期间，郁达夫由于贫困，偶尔上街买书、吃一碗清面也令他痛惜不已。1918年，已留学五年的郁达夫依然为经济困窘苦恼，他给长兄写信称："官费已月加四元，然弟病后积债尚多，偿清亦颇非易事。"1919年，郁达夫考入东京帝国大学，其诗友富长蝶如说，郁达夫在东京的生活"实在叫人目不忍睹"，郁达夫曾托他向著名汉诗人服部担风售卖一幅据说是郁家"家传之物"的吴梅树的画。根据富长的回忆，郁达夫曾与女房东就"金五厘"而发生过"始终各不相让"的争执。他在写给长兄的信中说："天下大事，非白面书生理所当言。所耿耿于怀者，恐乱事丛生，资釜不继耳。"1920年，郁达夫作诗《新婚未几，病疟势危，斗室呻吟，百忧俱集。悲佳人之薄命，叹贫士之无能，饮泣吞声，于焉有作》，诗题已显深重之困苦，首句"生死中年两不堪，生非容易死非甘"更表露无尽之悲凉。郁达夫的早期散文中常常出现夫妻相拥而泣的哀景，或许就是此诗所刻画的人生场景。

郭沫若指出，在20年代创造社初创和发展期，社员的生活"窘到万分"。因生活所困，郁达夫不得不在1923年离开上海，赴北大担任统计学讲师。1923年，郁达夫在《还乡记》中写到，他平日将钞票置于鞋底，"用了全身的气力，挤死踏践它们"，因为"我受足了金钱的迫害，借此可以满足我对金钱复仇的心理"。此时的郁达夫于每月开薪之后，将花花绿绿的纸币抛撒在地，双手叉腰，以皮鞋践踏不已，楼板轰然以至夜半，邻里惊耸，呼之为"精神病者"。

1935年，因建造房屋负了一大笔债，郁达夫说："要想还出这四千块钱的大债，却非得同巴尔扎克或司考得一样，日夜的来作苦工不可。人是不喜欢平稳度日的动物，我的要造此屋，弄得自己精疲力竭，原因大约也就在此。"1936年，郁达夫离开杭州到福州就任省政府参议，一个重要的目的就是增加收入以偿还造屋所欠巨款。抗战爆发后，郁达夫和王映霞的生活颠沛流离，但王映霞却仍旧满不在乎，一出门就想要坐汽车，还因住的不是西式楼房而牢骚满腹。夫妇二人经常发生口角，每当争执起来，王映霞就对郁达夫说："你从来也没有想到挣钱，我很看不上你这一点。"

郁达夫人生之浊重还与其小说创作引发的激烈争议有关。① 郁达夫的小说中充斥着露骨的色情描写和对变态心理的刻画。据不完全统计，在郁达夫创作的40篇小说中，涉及两性关系的就有28篇，其中包括对女性肉体的描摹（如《沉沦》中的"窥浴"），对色情的呈现（如《秋河》中某军阀妾与子的通奸，《迷羊》中王介成的纵欲无度，《寒宵》《街灯》《祈愿》中关于妓院生活的描写），性苦闷的倾诉（如《沉沦》中对爱情的渴望，《胃病》中的单相思，《十三夜》中陈君对尼姑的追求），对变态心理的刻画（如《茫茫夜》中于质夫"向善的焦躁与贪恶的苦闷"，《过去》中李白时对异性的曲意逢迎，《她是一个弱女子》中李文卿、郑秀岳的变态性欲）。郁达夫的小说被冠以萎靡、颓废、丑陋乃至变态之名，这很可能给郁达夫带来很大的心理压力。郁达夫在小说《茑萝行》中写道："唉唉！那两年中间的我的生活！红灯绿酒的沉湎，荒妄的邪游，不义的淫乐。……但灵魂丧失了的那一群妩媚的游女，和她们的娇艳动人的假笑伴啼，终究把我的天良迷住了。"这虽然是虚构的人物和情节，但不免会让读者据此对郁达夫的私生活进行揣度。况且郁达夫在《茑萝集》自序中承认自己"追求酒色"，他说："唉唉，清夜酒醒，看看我胸前睡着的被金钱买来的肉体，我的哀愁，我的悲叹，比自称道德家的人，还要沉痛数倍。我岂是甘心堕落者？我岂是无灵魂的人？不过看定了人生的运命，不得不如此自遣耳。"

关于郁达夫人生之浊重，不得不提其投身抗日救国。② 刘海粟说："达夫是中华大地母亲孕育出来的骄子，是本世纪最有才华最有民族气节的诗人之一，爱国是他一生言行中最突出的品质。"（《郁达夫传》序）为表明自己的抗日决心，郁达夫掷地有声地写下"我们这一代，应该为抗战而牺牲"。面对国破家亡，郁达夫忧国忧民的情怀溢于言辞。他在《沉沦》的结尾写道：

---

① 参见钱格：《从浪漫天才到病态人物：过去对郁达夫的评价》，载陈子善、王自立：《郁达夫研究资料（下集）》，第630—640页。
② 参见郁云《郁达夫传》中的"创造社的创办和初期活动""创造社的再办与脱离""与鲁迅合作及参加左翼阵线""抗战军兴""出国宣传抗日救亡"等内容；亦可参见《爱国文学家郁达夫》，载杨浩等：《旧上海风云人物》，上海人民出版社1989年版，第503—509页。

"祖国呀祖国！我的死是你害我的！你快富起来！强起来吧！你还有许多儿女在那里受苦呢！"郁达夫在《大风圈外》中说："平时老喜欢读悲歌慷慨的文章，自己捏起笔来，也老是痛哭淋漓，呜呼满纸的我这一个热血青年，在书斋里只想去冲锋陷阵，参加战斗。为众舍身，为国效力的我这一个革命志士，际遇着了这样的机会，却也终于没有一点作为，只呆立在大风圈外，捏紧了空拳头，滴了几滴悲壮的旁观者的哑泪而已。"郁达夫曾对刘海粟说："海粟！万一敌军侵入新加坡，我们要宁死不屈，不能丧失黄帝子孙的气节，做不成文天祥、陆秀夫，也要做伯夷叔齐。"1938年，郁达夫出国宣传抗日救亡，新加坡沦陷后，郁达夫化名赵廉，逃亡到苏门答腊，由于被汉奸出卖，郁达夫于1945年9月被日本宪兵秘密杀害。

看到这里，我想所有读者都会掩卷叹息。郁达夫的人生就像他在小说《蜃楼》中所写："自己的一生，实在是一出毫无意义的悲剧，而这悲剧的酿成，实在也只可以说是时代造出来的恶戏。自己终究是一个畸形儿，再加上以这恶劣环境的腐蚀，那就更加不可收拾了。"

郁达夫在《茑萝集·自序》中写道：

自《沉沦》见天日以来，匆匆的岁月，已经历有两年。回想起来，对《沉沦》的毁誉褒贬，都成了我的药石。我本来原自知不能在艺术的王国里，留恋须臾，然而恶人的世界，塞尽了我的去路，有名的伟人，有钱的富者，和美貌的女郎，结了三角同盟，摈我斥我，使我不得不在空想的楼阁里寄我的残生。这事说起来虽是好听，但是我的苦处，已经不是常人所能忍的了。

人生终究是悲苦的结晶，我不信世界上有快乐的两字。……半年来因失业的结果，我的天天在作梦的脑里，又添了许多经验。以己例人，我知道世界上不少悲哀的男女，我的这几篇小说，只想在贫民窟，破庙中去寻那些可怜的读者。得意的诸君！你们不要来买罢，因为这本书，与你们的思想感情，全无关涉，你们买了读了，也不能增我的光荣。

我可以不再多讲了，因为我所欲讲的，都写在后面三篇小说里，可怜的读者诸君——请你们恕我这样的说——你们若能看破人生终究是悲哀苦痛，那么就请你们预备,让我们携着手一同到空虚的路上去罢!

这是怎样的一个人,又是怎样的一段人生啊!这样的人生就像重油重盐又麻辣的一道菜,很多人会直呼吃不消,可就在将要离席之际,上了一道爽口的清粥小菜,《故都的秋》就是这样一道菜。在郁达夫浊重之人生背景的衬托下,《故都的秋》显得如此雅净,让人不禁感慨:有着如此人生的郁达夫,怎会写出这样优美清雅的一篇散文!

二、雅净之美

郁达夫在1934年8月7日的日记中说:"打算去青岛之先,为《人间世》《论语》各写一点东西。"他在8月16日的日记中写道:"接《人间世》社快信,王余杞来信,都系为催稿的事情,王还约定于明日来坐索。"8月17日的日记有言:"晨起,为王余杞写了二千字,提名《故都的秋》。"这即是《故都的秋》诞生的过程——它是郁达夫要交的差,而且在很短的时间内迅速完成。写《故都的秋》对郁达夫来说可谓轻车熟路、信手拈来,就像从心泉中自然涌出一道清流,或许这样的文章表征了郁达夫的本真,至少是本真的一面。下面我们从"对自然的迷恋""悲凉枯淡之美"两个切入点赏析《故都的秋》的雅净之美。

(一)对自然的迷恋

刘海粟说:"达夫感情饱满细腻,观察深切,才思敏捷,古典文学西方文学根基都雄厚。从气质上来讲,他是个杰出的抒情诗人,散文和小说不过是诗歌的扩散。"(《郁达夫传》序)这个评价值得重视,郁达夫的中国古典文学功底对他创作《故都的秋》有重要影响。郁达夫在上中学时就大量阅读古文作品,"通过旧书铺,读了许多旧小说,《石头记》《西厢记》《牡丹亭》《花月痕》等,还读了帮助他写诗词的旧书,《留青新集》《西湖佳话》"(郁云《我的父亲郁达夫》)。郁达夫在嘉兴府中学读书时已经写了很多诗,他在自传中说,这一时期"稚气满幅的五七言诗句,接二连三地在一册红格子的作文簿上写满了;有时候兴奋的厉害,晚上还妨碍了睡觉"。不久,他的诗作即开始在国内报纸上陆续发表,到日本后更是文思如泉,佳作迭出。郁达夫对自己的诗作相当自信,他说:"薄有狂才追杜牧,绝无功业比冯唐""莫向杏坛题品第,本来小杜是诗人"。郁达夫最擅长在诗词创作中抚今追古,在诗作中用典的比例极高,显现其受中国传统文化的浸染很深。①

中国传统文化及古典文学中有一个极为重要的传统,或称为审美趣味——借景抒情,《故都的秋》及郁达夫的其他很多作品显示他继承并发扬了这一传统。郁达夫作品中的"景",也即大自然,对其而言意义非凡,郁达夫在《忏余独白》中说:"对于大自然的迷恋,似是我从小的一种天性。"他在该文中还写道:

在小学校念书的时候——也许是在进小学校之先——记得老爱走上离城市稍远的江边上去玩。因为在那里有的是清新的空气,浓绿的草场,和桑槐的并立排着既不知从何处始也不知在何处终的树影,而从树桠枝里望出去的长空,似乎总是一碧无底的。在这些青葱蓝碧的中间,记得还有许多喳喳唧唧和悠然长曳地沁的一声便踪影全无的飞鹰的绝叫声听得出来。置身入这些绿树浓荫的黄沙断岸中间,躺着,懒着,注目望望江上的帆船——那时候这清净的钱塘江上是并没有轮船的——和隔江的烟树青山,我总有大半日白日之梦好做。

迷恋大自然源自天性还是后天教化无从考证,但这种迷恋留存、贯穿于郁达夫的一生,《故都的秋》就是此迷恋的表现和产物。郁达夫在《清新的小品文字》中引宋人罗大经《鹤林玉露》中的一段文字:

---

① 参见《郁达夫诗词集》,浙江文艺出版社1988年版。

余家深山之中，每春夏之交，苔藓盈阶，落花满径，门无剥啄，花影参差，禽声上下。午睡初足，旋汲山泉，拾松枝，煮苦茗啜之；随意读《周易》《国风》《左氏传》《离骚》《太史公书》及陶杜诗、韩苏文数篇。从容步山径，抚松竹，与麛犊共偃息于长林丰草间，坐弄流泉，漱齿濯足。既归竹窗下，则山妻稚子作笋蕨，供麦饭，欣然一饱；弄笔窗间，随大小作数十字，展所藏法帖墨迹画卷纵观之。兴到，则吟《小诗》，或草《玉露》一两段，再烹苦茗一杯；出步溪边，邂逅园翁溪友，问桑麻，说粳稻，量晴校雨，探节数时，相与剧谈一饷；归而倚杖柴门之下，夕阳在山，紫绿万状，变幻顷刻，恍可入目，牛背笛声，两两来归，而月印前溪矣。

郁达夫称，描写田园野景、闲适的自然生活以及纯粹的感情，这样的文体"最美而最合"。郁达夫又在该文中引了《西青散记》中的一段文字：

弄月仙郎意不自得，独行山梁，采花嚼之，……童子刘刍，翕然投镰而笑曰，吾家蔷薇开矣，盍往观乎？随之至其家，老妇方据盆浴鸡卵，婴儿裸背伏地观之。庭无杂花，止蔷薇一架。风吹花片堕阶上，鸡雏数枚争啄之，啾啾然。

郁达夫感慨："只仅仅几十个字，看看真觉得平淡无奇，但它的细致、生动的地方，却很不容易学得。"郁达夫还在其散文《还乡后记》的开头引了吴均的《与朱元思书》全文，其文有言："风烟俱净，天山共色。从流飘荡，任意东西。自富阳至桐庐一百许里，奇山异水，天下独绝。……蝉则千转不穷，猿则百叫无绝。鸢飞戾天者，望峰息心；经纶世务者，窥谷忘反。"由这些资料可见郁达夫的文学喜好和人生旨趣，他热爱自然，倾心闲适清净的生活，这对解读《故都的秋》很重要，因为该文就是此喜好和旨趣的体现。郁达夫在《清新的小品文字》中说："原来小品文字的所以可爱的地方，就在它的细、清、真的三点。"《故都的秋》不正是刻画了北平之秋的细、清、真吗？

- 在北平即使不出门去吧，就是在皇城人海之中，租人家一椽破屋来住着，早晨起来，泡一碗浓茶，向院子一坐，你也能看得到很高很高的碧绿的天色，听得到青天下驯鸽的飞声。

- 说到了牵牛花，我以为以蓝色或白色者为佳，紫黑色次之，淡红者最下。最好，还要在牵牛花底，教长着几根疏疏落落的尖细且长的秋草，使作陪衬。

- 扫街的在树影下一阵扫后，灰土上留下来的一条条扫帚的丝纹，看起来既觉得细腻，又觉得清闲，潜意识下并且还觉得有点儿落寞。

- "唉，天可真凉了——"（这了字念得很高，拖得很长。）

"可不是吗？一层秋雨一层凉啦！"

北方人念阵字，总老像是层字，平平仄仄起来，这念错的歧韵，倒来得正好。

《郁达夫文集》散文卷中游记与写景之文很多，如《感伤的行旅》《钓台的春昼》《半日的游程》《杭江小历纪程》《临平登山记》《春愁》《西游日录》《出昱岭关记》《游白岳齐云之记》《桐君山的再到》《南游日记》《雁荡山的秋月》《青岛、济南、北平、北戴河的巡游》《两浙漫游后记》《超山的梅花》《花坞》《皋亭山》《龙门山路》《城里的吴山》《扬州旧梦寄语堂》《国道飞车记》《西溪的晴雨》《雨》《玉皇山》《江南的冬景》《闽游滴沥》《北平的四季》《福州的西湖》《马六甲记游》。[①] 我们来看郁达夫在这类散文中写下的他对大自然的感受：

- 穷人的享乐，只有陶醉在大自然怀里的一刹那。在这一刹那中间，他能把现实的痛苦，忘记得干干净净，与悠久的天空，广漠的大地化而为一。……啊啊，我自失业以来，同鼠子蚊虫，蛰居在上海的自由牢狱里，已

[①] 参见《郁达夫文集（第三、四卷）》，花城出版社1982年版。这些散文按时间先后顺序排列，《故都的秋》写于《游白岳齐云之记》之后。

经有半年多了。我想不到野外的自然，竟长得如此的清新，郊原的空气，会酿得如此的爽健的。啊啊，自然呀，大地呀，生生不息的万物呀，我错了，我不应该离开了你们，到那秽浊的人海中间去觅食去的。(《还乡记》)

- 在都市的沉浊的空气中栖息的裸虫！在利欲的争场上吸血的战士！年年岁岁，不知四季的变迁，同鼹鼠似的埋伏在软红尘里的男男女女！你们想发见你们的灵性不想？你们有没有向上更新的念头？你们若欲上空旷的地方，去呼一口自由的空气，一则可以醒醒你们醉生梦死的头脑，二则可以看看那些就快凋谢的青枝绿叶，豫藏一个来春再见之机。(《苏州烟雨记》)

- 啊啊，人类本来就是大自然的一部分细胞，只教天性不灭，决没有一个会对了这自然的和平清景而不想赞美的。(《感伤的行旅》)

- 自迁到杭州来后，这城隍山的一角，仿佛是变了我的野外的情人；凡遇到胸怀悒郁，工作倦颓，或风雨晦暝，气候不正的时候，只消上山去走它半天，喝一碗茶两杯酒，坐两三个钟头，就可以恢复元气，爽飒地回来，好像是洗了一个澡。……此外凡遇节期，以及稍稍闲空的当儿，就是心里没有什么烦闷，也会独自一个踱上山去，癫坐它半天。(《城里的吴山》)

前述郁达夫"浊重"的人生充满了挣扎、冲突、扭曲、撕裂，大自然对他而言是避风港，是让他能够得以喘息的林泉，他在这里舔舐伤口，在这里重拾人生的尊严与安宁。他在《故都的秋》中写道："我的不远千里，要从杭州赶上青岛，更要从青岛赶上北平来的理由，也不过想饱尝一尝这'秋'，这故都的秋味。"郁达夫不远千里奔赴的，不仅是北平的一份秋景，更是远离尘嚣的一处安宁祥和之地，他在此涤雪精神、释放天性、恢复元气。在这里，郁达夫可以不必"像鼹鼠似的活着"，不再是"都市的沉浊的空气中栖息的裸虫""在利欲的争场上吸血的战士"。

郁达夫写过一篇散论《山水及自然景物的欣赏》，下面是其中的一段文字：

我从前在北平的时候，就有一位同事，是专门学法律的人，他平时只晓得钻门路，积私财，以升官发财为唯一的人生乐趣，你若约他上中央公园去喝一碗茶，或上西山去行半日乐，他就说这是浪漫的行径，不是学者所应有的态度。现在他居然位至极品，财积到了几百万了，但闻他唯一娱乐，还是出外则装学者的假面，回家则翻存在英国银行里的存折，对于自然，对于山水，非但不晓得欣赏，并且还是视若仇敌似的。对于这一种利欲熏心的人，我以为对症为良药，就只有一服山水自然的清凉散，因为山水，自然，是可以使人性发现，使名利心减淡，使人格净化的陶冶工具。

由这段文字可见，对郁达夫而言，自然、山水不只是一处风景，也不只是放松休闲的处所，它是与贪欲和"无明"对抗的战友！亲近自然与山水，不仅是想不想的问题，更是能不能、敢不敢的问题。"山水自然是一服治疗利欲熏心的清凉散"，说得多好啊！我想郁达夫不仅是说给他的同事的，也是对自己内心的喊话，提醒自己保持清醒与觉悟，努力摆脱名利的纠缠及由此带来的烦恼，《故都的秋》就是此尝试与实践的成果。

（二）悲凉枯淡之美

郁达夫在《海上通信》中写道：

海上起了微波，一层一层的细浪，受了残阳的返照，一时光辉起来，飒飒的凉意，逼入人的心脾。清淡的天空，好象是离人的泪眼，周围边上，只带着一道红圈。是薄寒浅冷的时候，是泣别伤离的日暮。扬子江头，数声风笛，我又上了这天涯漂泊的轮船。以我的性情而论，在这样的时候，正好陶醉在惜别的悲哀里，满满的享受一场感伤的甜味。

郁达夫说，"以我的性情而论……满满的享受一场感伤的甜味"，这给我们两点启发：第一，郁达夫的性情是一个滤镜，经过这层滤镜，风景被着以伤感的色彩；第二，感伤是一种"甜味"，这是一种美的感受，虽然其中有一些苦涩的味道。面对海上的景象，郁达夫看到了什么？他看到了"清淡"的天空，这天空像"离人的泪眼"，他看到了日暮，是"泣别伤离的日暮"，他感觉到了"薄寒浅冷"，在"伤别离"的点染下凉意成为"悲凉"。这"悲凉"在《故都的秋》中也有所提及，《故都的秋》首句即言："秋天，无论在什么地方的秋天，总是好的；可是啊，北国的秋，却特别地来得清，来得静，来得悲凉。"郁达夫通过出于本能的情感滤镜，他看到、感受到的是秋的清、静及由此而来的悲凉。

感受悲凉之美是欣赏《故都的秋》的关键，郁达夫主动追求和欣赏人生中的悲凉并将其投射于《故都的秋》。郁达夫认为，感伤主义是"文学的酵素"，"感伤主义是并无妨害于文学的"。（《序孙译〈出家及其弟子〉》）为什么悲凉具有美感？张爱玲说："悲壮是一种完成，而苍凉则是一种启示。"（《自己的文章》）从悲凉中获得"启示"，这是悲凉何以为美的关键。本书第一部分分析了美感的三个层次，最高层次的美感是灵魂层面的满意，这种满意来自对世界、人生本质与真相的领悟，也即获得最高层次的"启示"。郁达夫在感受北国之秋的悲凉时获得了更多、更深的启示，这给予他灵魂层面的满意，也即尝到悲凉之中的"甜味"。

郁达夫在《钓台的春昼》中说："（祠堂）周围的环境更芜杂不整齐一点而已，但这却是好处，这正是足以代表东方民族性的颓废荒凉的美。"郁达夫爱大自然，而且偏爱有"悲凉"意味的大自然，究其原因，一方面是性情使然，另一方面又受中国传统文化的影响。郁达夫笔下北国的秋天"来得清""来得静"，"清"与"静"高度契合了中国传统审美的要义。《道德经》第十章有言："载营魄抱一，能无离乎？专气致柔，能如婴儿乎？涤除玄鉴，能无疵乎？""玄鉴"即鉴识事物之道与妙，其前提条件是"涤除"，即清除内心杂念，"清"和"静"即为"涤除"的状态。北国的秋天，温度降下来了，事物变得疏落，外在的颜色相应变少、变淡，自然让人感觉清下来、静下来，某些"真""妙"的意味得以被认识和感受。

"清"意味着无、少、淡。在《故都的秋》中，很高很高的天色、槐树叶底漏下的丝丝日光、蓝色或白色的牵牛花、牵牛花底疏疏落落细长的草、像花而又不是花的落蕊、一条条扫帚的丝纹、淡绿微黄的小枣、咬着烟管的都市闲人,这些都是"清"的。"静"意味着轻声、无声、少动,如"蝉噪林逾静,鸟鸣山更幽"所言,驯鸽的飞声、秋蝉嘶叫更衬托出秋日北国的安静;还有无言的花朵、息列索落的秋雨、晨起的饮茶、"一层秋雨一层凉啦"缓慢悠闲的微叹,这些都是"静"的。《道德经》第十六章有言:"致虚极,守静笃;万物并作,吾以观复。夫物芸芸,各复归其根。归根曰静,静曰复命。"事物的本质与规律——归根、复命——是在"静"中体现的。《道德经》第二十六章有言:"重为轻根,静为躁君。"静与躁构成一对矛盾,相较而言,静处于统摄地位,躁更多地显现事物的表象与发展过程,静则指向了事物本质与归宿,事物处于静的状态,我们才能窥其真相与本质。夏去秋来不就是去躁而趋静吗?《故都的秋》中,郁达夫在主动追求和品味秋日的"清"与"静"——租一椽有着破壁腰的破屋,在这样的屋院中欣赏北国之秋的"清"与"静"才是最好的。

老子提出"虚"这一概念,"虚"与"空"同义,仍为上述"涤除"之意。魏源《老子本义》云:"虚者无欲也,无欲则静,盖外物不入,则内心不出也。"郁达夫暂时摆脱人世的浊重,去除胸中的杂念,在北国秋日的"清""静"中玄鉴、观复,这确实是大快乐、大满意啊!中国传统美学讲"澄怀味象""澄怀观道","澄怀"——因"涤除"而创设一个虚空澄明的审美心境,郁达夫藉此品秋之美景、观秋之妙道。《道德经》第十二章有言:"五色令人目盲,五音令人耳聋,五味令人口爽。驰骋畋猎令人心发狂。"如前所述,郁达夫的现实生活充塞着五色、五音、五味以及驰骋畋猎,北国的秋让他的感官和心思空下来、静下来——"致虚极,守静笃",因此享受片刻的美好时光。

总之,"清""静"相辅相成,"静"因"清"而成,"清"因"静"而显。《庄子》有"心斋""坐忘"之说,其描摹的"形如槁木,心如死灰"更表现了静的极致;荀子提出著名的"虚壹而静"命题,与老子的"致虚极,守静笃"是一致的。宋代周敦颐说:"寂然不动者,诚也;感而遂通者,神也。"(《通书》)宋代程颢《秋日偶成》诗言:"闲来无事不从容,睡觉东窗日已红。万物静观皆自得，四时佳兴与人同。"所有这些都刻画了闲适之景、清静之心的美妙，真是对《故都的秋》最贴切的注解。

《故都的秋》第一句中，除了"清""静"，还有"悲凉"。"清""静"是条件，"悲凉"是结果——在"清""静"的氛围中感受北国之秋的"悲凉"。宋玉在《楚辞·九辩》中说："悲哉，秋之为气也！萧瑟兮草木摇落而变衰。"由春至夏，由夏至秋，大自然经历了生发、成长、繁荣后走向衰败，面对此情此景，念及生命之萎去，心生悲凉是非常自然的。值得注意的是，草木摇落的悲凉蕴含着对中国文人来说极具审美价值的"枯淡"意味。《红楼梦》第四十回中有这样一段对话：

宝玉道："这些破荷叶可恨，怎么还不叫人来拔去。"宝钗笑道："今年这几日，何曾饶了这园子闲了一闲，天天逛，那里还有叫人来收拾的工夫呢？"黛玉道："我最不喜欢李义山的诗，只喜他这一句'留得残荷听雨声'。偏你们又不留着残荷了。"宝玉道："果然好句，以后咱们就别叫人拔去了。"

李商隐在《宿骆氏亭寄怀崔雍崔衮》中写道："秋阴不散霜飞晚，留得枯荷听雨声。"秋日之残、秋日之枯，都是悲凉之景，这景被李商隐、林黛玉、郁达夫爱着。郁达夫在《故都的秋》中说："说到了牵牛花，我以为以蓝色或白色者为佳，紫黑色次之，淡红者最下。最好，还要在牵牛花底，教长着几根疏疏落落的尖细且长的秋草，使作陪衬。"这不就是对枯淡之美的追索与品赏吗？

"枯淡"为什么给人以美感？苏轼《评韩柳诗》云："所贵乎枯淡者，谓其外枯而中膏，似淡而实美，渊明、子厚之流是也。"苏轼对事物的内、外进行了区分——"外枯而中膏"，枯的是表层，而内里是充实丰润的。因此，"枯淡"的景象和事物不是贫瘠和粗陋，而是外枯中膏、似淡实美，它们含有大意味、大充实。"大音希声，大象无形"，外表的枯淡与内在的丰腴、充实形成了反差，此反差意味深长，给人以深刻的美感。中国画家作画时所用的"枯笔",不就是于枯淡中寓大峥嵘、大气象吗？南宋诗人葛立方说："大抵欲造平淡,当自绚丽中来,落其华芬,然后可造平淡之境。"苏轼在《与侄书》中说："凡文字,少小时须令气象峥嵘,彩色绚烂。渐老渐熟,乃造平淡。其实不是平淡,绚烂之极也。"平淡、枯淡从绚烂中来,萧瑟的秋天从灿烂的春天和繁茂的夏天中来,秋的萧瑟、枯败中蕴藏着它曾经历过的萌发、生长与蓬勃、繁盛,就像老人枯深的皱纹中蕴藏着不凡的岁月。凋落的是树叶,消失的是颜色,但树干还在,果实长成了,年轮刻下了,这些不就是"渐老渐熟""绚烂之极""外枯而中膏"吗？当我们品读郁达夫笔下北国的秋,怎能不想到这秋日枯淡、静寂蕴藏的充实和绚烂呢？

张爱玲在散论《自己的文章》中写道：

我发现弄文学的人向来是注重人生飞扬的一面,而忽视人生安稳的一面。其实,后者正是前者的底子。又如,他们多是注重人生的斗争,而忽略和谐的一面。其实,人是为了要求和谐的一面才斗争的。强调人生飞扬的一面,多少有点超人的气质。超人是生在一个时代里的。而人生安稳的一面则有着永恒的意味,虽然这种安稳常是不安全的,而且每隔多少时候就要破坏一次,但仍然是永恒的。

文学史上素朴地歌咏人生的安稳的作品很少,倒是强调人生的飞扬的作品多,但好的作品,还是在于它是以人生的安稳做底子来描写人生的飞扬的。没有这底子,飞扬只能是浮沫,许多强有力的作品只予人以兴奋,不能予人以启示,就是失败在不知道把握这底子。

……我不喜欢壮烈。我是喜欢悲壮,更喜欢苍凉。壮烈只有力,没有美,似乎缺少人性。悲壮则如大红大绿的配色,是一种强烈的对照。但它的刺激性还是大于启发性。苍凉之所以有更深长的回味,就因为它像葱绿配桃红,是一种参差的对照。……极端病态与极端觉悟的人究竟不多。时代是这么沉重,不那么容易就大彻大悟。……所以我的小说里,除了《金锁记》里的曹七巧,全是些不彻底的人物。他们不是英雄,他们可是这时代的广大的负荷者。因为他们虽然不彻底,但究竟是认真的。他们没有悲壮,只有苍凉。悲壮是一种完成，而苍凉则是一种启示。

张爱玲这篇文章不是为《故都的秋》写的，但将它用于解读《故都的秋》多么合适！郁达夫如果读到此文会作何感想？或许会想起纳兰性德的词"我是人间惆怅客，知君何事泪纵横"吧。"人生的安稳"，真的好美，但又真的好难得——世上有多少人能享有这"安稳"啊！它真是可遇而不可求啊！于此看来，《故都的秋》不只是北方的一季，它是"不知有汉，无论魏晋""寻向所志，不复得路"的"桃花源"，它是"相顾无相识，长歌怀采薇"的"野望"。《故都的秋》了不起，值得被放在中学语文教科书中，因为它是中国文学中较少见的"素朴地歌咏人生的安稳的作品"，尤其于郁达夫浊重的人生背景看《故都的秋》，更觉其安稳、雅净中之苍凉况味。这样的安稳、雅净在郁达夫的人生中罕见而短暂，却有无衰无尽之美，给读者以最充实的安然、舒畅、感悟。

郁达夫在《〈鸡肋集〉题辞》中写道：

《莼萝集》出后，——一九二三年的秋天——一般人对我的态度改变了，我的对于艺术的志趣，大家也明白了。可是在这里，我又接受了一个新的称号，就是说我是一个颓废者，一个专唱靡靡之音的秋虫。

一只"秋虫"自在、安然地伏卧于北平的秋天，它不时地发出几声鸣叫，极少有人听得到，或许还有人感到不屑，但这有什么关系呢？世上每个人都有自己的"秋虫时刻"，学着像郁达夫一样回归能让自己感到安稳的一处秋境，轻轻地鸣叫，应和这秋天的美景吧。

郁达夫唯一一部戏剧作品《孤独》中，有一段人物对话：

"我真舍不得这画一般的风景，再站一忽吧。"
"你看那城下菜田中间有一个人在走路。"
"这便是人生的一幅缩写图呀！独自一个人在冷清清的长途，孤孤单单地多寂寞哟！"

　　这是郁达夫1922年的作品，不知12年后，写下《故都的秋》的郁达夫是否还记得这些文字。他在文章的结尾说："秋天，这北国的秋天，若留得住的话，我愿意把寿命的三分之二折去，换得一个三分之一的零头。"郁达夫还是"真舍不得这画一般的风景"，想要"再站一忽吧"。

　　本文标题中的"因为懂得，所以慈悲"是张爱玲写给胡兰成的信中的一句话。《故都的秋》解读至此，我们可能对郁达夫和他的作品有了更多的"懂得"，也因此而生出一些"慈悲"吧。1934年8月的一个早晨，郁达夫匆匆写下《故都的秋》，搁笔，转身又沉入纷繁不安的世界中。很幸运，他有那么一忽遁入了北国的秋天，享受片刻的"心斋""坐忘"，得到人生刹那的安稳；很幸运，他在那一刻写下《故都的秋》，就像在一潭秋水中投下石子，它激起的涟漪永远撩动世人的情思。

《昆明的雨》：除尽火气与感伤主义

关键教学问题

- 从老师给大家分享的资料来看，汪曾祺的生活中有坎坷和苦难，可他在几乎所有散文中都只写温润、愉悦、充满烟火气的内容，对此你有怎样的看法？
- 你们一定也有让自己感念的人、事、景，带着真正的感动和热爱把它写出来，和《昆明的雨》比较一下，看看有什么异同，进而体会《昆明的雨》好在哪里。
- 阅读汪曾祺的散文集，分析其散文的美感和风格是怎样的。
- 汪曾祺说自己是一个"中国式的抒情的人道主义者"，你对此怎么理解？这对其创作《昆明的雨》有怎样的影响？
- 汪曾祺认为文学创作要"除尽火气，特别是除尽感伤主义"，你对此如何理解？《昆明的雨》是如何体现这一理念的？

《昆明的雨》于 1984 年 5 月 19 日写就，载于 1984 年第 10 期《北京文学》。宁坤要汪曾祺给他画一张有昆明特点的画，汪曾祺不仅画了一幅画，还写了《昆明的雨》。人民文学出版社编辑的《汪曾祺回忆录》有七个主题，其中一个是"昆明忆旧"，共有包括《昆明的雨》在内的 29 篇文章。[1] 1939—1946 年汪曾祺在昆明生活了七年，前五年在西南联大，后两年在昆明北郊的一所中学教书。汪曾祺在昆明度过了人生中极为重要的时光，他在《昆明的

---

[1] 汪曾祺：《汪曾祺回忆录》，人民文学出版社 2021 年版。

雨》中将 40 多年前的景象和事物写得那么细腻、那么深情，足见这段时光在他生命中的分量。《昆明的雨》不好讲，因为它看起来似乎太普通了，就像街心的口袋公园，没有艳、奇、险的风景。很多老师发愁：这样的文章讲什么呢？下面从"热爱生命""情意优美""理想人格"三个方面来解析、感受《昆明的雨》的真与美。

一、热爱生命

和郁达夫一样，汪曾祺也想过自杀。1944 年，在联大读了五年书之后，汪曾祺因英语和体育不过关只拿到肄业证。汪曾祺在昆明北郊当中学老师时认识了爱人施松卿，1946 年夏，他们离开昆明，施松卿回福建省亲、谋职，汪曾祺去上海找事做。时局动荡的情势下找一份差事很困难，屡屡碰壁后汪曾祺给在北平的沈从文写信倾诉自己的苦闷，沈从文立刻回信说："为了一时的困难，就这样哭哭啼啼的，甚至想到自杀，真是没出息！你手中有一支笔，怕什么？"[①] 汪曾祺应当是被沈从文"骂醒"了，在他那么多的作品中，见不到抱怨和凄艾，见不到灰暗和阴沉。我们来看汪曾祺在《昆明的雨》中写了什么：

- 明亮、丰满、引起人们淡淡乡愁的雨
- 水分饱和到近于夸张的旺盛的草木
- 极肥大的、用麻线穿了挂着的仙人掌
- 各种各样好吃到让人"张目结舌"的菌子
- 戴小花帽子、穿绣满花的鞋、坐在阶石一角卖杨梅的苗族女孩
- 房东和养女摘下来卖掉及送给客人的香得像兰花的带着雨珠的缅桂花
- 脑袋反插在翅膀下面、一只脚着地、屋檐下躲雨的鸡

[①] 汪凌：《汪曾祺画传》，大象出版社 2017 年版，第 66—67 页。

- 把院子遮得严严的、有数不清的半开的白花和饱涨的花骨朵的木香

多美好的人、事、景！汪曾祺说："带着雨珠的缅桂花使我的心软软的"。不只是缅桂花，《昆明的雨》中所有的人、事、景都会让读者的心"软软的"，人们的心被美好的感受浸润而变得"软软的"。

（一）温暖地爱着

汪曾祺在昆明时的生活一定有很多不如意，因为当时的社会环境动荡不安，而他在40多年后回忆昆明的人、事、景并付诸文字，让人沮丧的、不愉快的内容被过滤了，愉快的、美好的内容被保留并呈现出来。为什么会有这样的过滤？汪曾祺在《沈从文的寂寞》中写道："沈先生是个感情丰富的人，非常容易动情，非常容易受感动（一个艺术家若不比常人更为善感，是不成的）。他对生活，对人，对祖国的山河草木都充满感情，对什么都爱着，用一颗蔼然仁者之心爱着。"汪曾祺评价的是沈从文的生活态度，也是他的人生追求。对生命、对生活的爱，让汪曾祺在写作时将消极的、阴晦的内容过滤掉了。汪曾祺在该文中引用了沈从文《一九三四年一月十八日》中的一段文字：

山头一抹淡淡的午后阳光感动我，水底各色圆如棋子的石头也感动我。我心中似乎毫无渣滓，透明烛照，对万汇百物，对拉船人与小小船只，一切都那么爱着，十分温暖的爱着！

沈从文说得真好——"一切都那么爱着，十分温暖的爱着！"汪曾祺在《昆明的雨》中表现的，不就是对昆明的一切"都那么爱着，十分温暖的爱着"吗？因为这细腻的、丰沛的爱，他的心软软的，他的生命暖暖的，他的文字清清亮亮的。

汪曾祺在那么多的作品中写生活中琐细的美好，就是因为他那么爱着这

个世界,爱着他的生活和人生。想象一下,一个爱孩子的母亲,给他人看孩子的照片,呈现的必然都是一个个美好的瞬间。在母子相处的岁月中,孩子有让母亲伤心、愤怒、失望的时候吗?一定有,但只要这位母亲还爱着她的孩子,就不会有意记录这些时刻并呈现给他人。孩子对于母亲来说永远是可爱的,这样的爱同样可朝向家乡、一处风景、某个人、某种食物……汪曾祺的散文《故乡的食物》中有一节"端午的鸭蛋",被选入中学语文教材,我们来看其中的一段文字:

我对异乡人称道高邮鸭蛋,是不大高兴的,好像我们那穷地方就出鸭蛋似的!不过高邮的咸鸭蛋,确实是好,我走的地方不少,所食鸭蛋多矣,但和我家乡的完全不能相比!曾经沧海难为水,他乡咸鸭蛋,我实在瞧不上。……高邮咸蛋的特点是质细而油多。蛋白柔嫩,不似别处的发干、发粉,入口如嚼石灰。油多尤为别处所不及。鸭蛋的吃法,如袁子才所说,带壳切开,是一种,那是席间待客的办法。平常食用,一般都是敲破"空头"用筷子挖着吃。筷子头一扎下去,吱——红油就冒出来了。高邮咸蛋的黄是通红的。苏北有一道名菜,叫做"朱砂豆腐",就是用高邮鸭蛋黄炒的豆腐。我在北京吃的咸鸭蛋,蛋黄是浅黄色的,这叫什么咸鸭蛋呢!

汪曾祺认定高邮的鸭蛋是天底下最好的,这表现出些许的执拗,但我们应理解,这鸭蛋不仅是一种吃食,还关联着汪老对故乡的情感和儿时的回忆。《故乡的食物》中还有一节"咸菜茨菇汤",下面是其中的一段文字:

咸菜汤里有时加了茨菇片,那就是咸菜茨菇汤。或者叫茨菇咸菜汤,都可以。我小时候对茨菇实在没有好感。这东西有一种苦味。民国二十年,我们家乡闹大水,各种作物减产,只有茨菇却丰收。那一年我吃了很多茨菇,而且是不去茨菇的嘴子的,真难吃。我十九岁离乡,辗转漂流,三四十年没有吃到茨菇,并不想。……因为久违,我对茨菇有了感情。前几年,北京的菜市场在春节前后有卖茨菇的。我见到,必要买一点回来加肉炒了。家里人都不怎么爱吃。所有的茨菰,都由我一个人"包圆儿"了。……我很想喝一碗咸菜茨菰汤。

客观而言,茨菰汤并不好喝,汪曾祺离乡后很久没吃到茨菰也不想。但是,因为"久违",他对茨菰有了感情,此时他喝的茨菰汤也不仅是一种吃食,它经过时间的酿制,伴随对家乡和年少时光的回忆,对汪曾祺而言有了特殊的使其感念的味道。如此看来,《昆明的雨》中的人、事、景也都在时间的陈酿下变得美好,背后的驱动仍然是汪曾祺对昆明那段岁月的爱和怀想。

(二)坚强地爱着

汪曾祺在《沈从文的寂寞》一文中写道:

他最反对愤世嫉俗,玩世不恭。在昆明,他就跟我说过:"千万不要冷嘲。"1946年,我到上海,失业,曾想过要自杀,他写了一封长信把我大骂了一通,说我没出息。信中又提到"千万不要冷嘲"。他在《〈长河〉题记》中说:"横在我们面前的许多事都使人痛苦,可是却不用悲观。社会还正在变化中,骤然而来的风风雨雨,说不定把许多人的高尚理想,卷扫摧残,弄得无踪无迹。然而一个人对于人类前途的热忱,和工作的虔敬态度,是应当永远存在,且必然能给后来者以极大鼓励的!"

1949年初,沈从文因承受不了政治压力试图自杀,文学创作也就此中止。1949年8月,沈从文的人事关系由北京大学转到了历史博物馆,主要从事中国古代服饰的研究。1981年沈从文出版了历时15年完成的《中国古代服饰研究》,填补了中国物质文化史上的空白。[①] 由此可见,沈从文不是没

---

① 张新颖:《沈从文的后半生:一九四八——九八八(增订版)》,上海三联书店2018年版。

有软弱和想要放弃的时候,但他也一定像"骂醒"汪曾祺那样给自己鼓劲,告诉自己不要放弃,因为这个世界和人生还是值得爱的啊!沈从文的人生可谓波折与动荡,他在少年时就目睹了血流成河的大屠杀。① 即使世界与人心已残破不堪,沈从文仍然怀着热爱、怀着希望,用优美的文字谱写着田园牧歌,供奉着"人性小庙"②。沈从文亲身实践着"千万不要冷嘲",永远怀着希望地爱着万汇百物!汪曾祺以老师为榜样,遵从老师的教诲,同样努力地活、深深地爱。汪曾祺的女儿汪凌在《汪曾祺画传》中写道:

　　1958年夏天的一天上午,没有任何征兆,汪曾祺去上班,却劈面发现楼道里贴满了大字报,"击退反党分子汪曾祺的猖狂进攻""一定要把民研会的白旗拔掉""彻底批判汪曾祺的右派言行"……他傻眼了。事后他才知道,单位右派指标没达到,他被补划进去了。

　　……就这样,写了无数次检查,开了无数次批判会,结论终于下来了,汪曾祺被定为一般右派,下放农村劳动……晚年汪曾祺说:"我当了一回'右派',真是三生有幸。要不然我这一生就更加平淡了。"

　　……儿女们曾说:"爸爸脑子似乎特别不愿意记忆那些悲啊苦啊的东西,更不愿意将它们诉诸文字。三年多的劳动改造,在爸爸的一生中算是最艰苦的时期,但是在他后来写的作品中却很少描述经受的磨难,相反,这一段生活在他的笔下还挺有诗意。"

　　生活中有种种不如意,甚至有突如其来的灾难,但对汪曾祺来说,这些挫折和苦难就像旅行中必然会遇到的雨雪风霜,既然是旅行的一部分,而他又爱着这旅行,那么就坦然接受乃至欣赏它。因为热爱和"永远不冷嘲",汪曾祺将自己的人生活成了一首诗并付诸文字,《昆明的雨》不就是一首表达热爱生活的诗吗?

---

① 参见向成国:《沈从文自述》,河南人民出版社2006年版。
② 沈从文在《习作选集代序》中说:"我只想造希腊小庙。选山地作基础,用坚硬石头堆砌它。精致,结实,匀称,形体虽小而不纤巧,是我理想的建筑。这神庙供奉的是'人性'。"

除了《昆明的雨》,希望读者能细细读一读汪曾祺的其他散文。"汪曾祺文存"散文卷中与《昆明的雨》风格很像的作品就有《花园》《关于葡萄》《葵·薤》《昆明的果品》《昆明的花》《生机》《故乡的食物》《吃食和文学》《云南茶花》《昆明菜》等,这些散文被归类于"草木春秋"中。除此之外,该文存中还有21篇怀人记事的散文,33篇有关风土人情的散文,21篇游记,4篇回忆西南联大的散文。这些文章都与《昆明的雨》一样,记述、描写了生命中的点点滴滴,温润明亮、轻松幽默的文字让人心生温暖、心生热爱。当下网络上有很多旅游攻略,发文者呈现某个地方的景点与食物,并声称这些是"一生必去"的地方。很多游人按照攻略吃了美食,逛了景点,并把照片发到网络平台上,至此算是完成了"打卡"的任务。汪曾祺的《昆明的雨》与这些旅游攻略不同,他写昆明的雨、吃食、花木,这些是他发自内心感到美好的,是他一直念念不忘、恋恋不舍。汪曾祺在《〈汪曾祺自选集〉自序》中说:"我的作品缺乏崇高的、悲壮的美。我所追求的不是深刻,而是和谐。"汪曾祺追求的"和谐"就是世界与生命中那些美好的部分,如同将噪音剥离后留下的乐声。

读了《昆明的雨》,我们的心不都和汪曾祺一样变得"软软的"吗?不都感受到那一方世界的"和谐"吗?让读者感受和欣赏世界与生命积极、美好的部分——这是汪曾祺想要通过文章对读者施加的影响。他做到了吗?我认为他做到了。一个网友以"看到他,我就不想死了"为题写了一篇文章,表达对汪曾祺及其作品的喜爱。这显现了汪曾祺的文字所蕴含的巨大的安抚、改变人心的力量,而此力量的核心就是汪曾祺对生活温暖的、坚强的热爱。

二、情意优美

《昆明的雨》的审美价值是什么?它与普通的记叙文有何不同?很多语文教师和学生都不理解《昆明的雨》的文学之美。优美意象、情意升华是赏析《昆明的雨》文学之美的两个切入点。

（一）优美意象

《昆明的雨》呈现了特别具体的事物与风景，这是该文给人以美感的基础。汪曾祺说："沈先生非常善于写风景。他写风景是有目的的。正如他自己所说：'一首诗或者仅仅二十八个字，一幅画大小不过一方尺，留给后人的印象，却永远是清新壮丽，增加人对于祖国大好河山的感情。'"（《沈从文的寂寞》）显然，汪曾祺认同并欣赏沈从文"写风景"的理念和技法，他的《昆明的雨》也是在"写风景"，而且写得非常优美。

所有的艺术都需要诉诸感官，文学同样需要通过创设、呈现具体的文学形象表达情感、打动读者，就像夏日的早晨走出家门，看到青草上的露珠，闻到清新的空气，自然会觉得非常惬意。我们来看张志和的《渔歌子》："西塞山前白鹭飞，桃花流水鳜鱼肥。青箬笠，绿蓑衣，斜风细雨不须归。"还有杜甫的《江畔独步寻花》："黄四娘家花满蹊，千朵万朵压枝低。留连戏蝶时时舞，自在娇莺恰恰啼。"这两首诗词都是文学经典，它们描摹了具体、鲜活的事物，这些事物能够引发人们丰富而充实的美感。《昆明的雨》的审美意蕴本质上与这两首诗词一样，通过写具体、美好的事物引发人们美好的感受。汪曾祺在《沈从文的寂寞》中说：

首先要对生活充满兴趣，充满好奇心，什么都想看看。要到处看，到处听，到处闻嗅，一颗心"永远为一种新鲜颜色，新鲜声音，新鲜气味而跳"，要用感官去"吃"各种印象。要会看，看得仔细，看得清楚，抓得住生活中"最美的风度"；看了，还得温习，记着，回想起来还异常明朗，要用时即可方便地移到纸上。

汪曾祺回想40多年前昆明的点点滴滴写成《昆明的雨》，写得那么细腻、那么丰富、那么生动，就是在"用感官去'吃'各种印象"，充满兴趣和好奇心地到处看、到处听，而且看得仔细、听得仔细，还能鲜明地回想起来并付诸文字。《昆明的雨》把事物和景色写得特别真、特别细，这样的观察、记忆及文字表达能力非常人所及，可以想见，很多人如果到昆明旅行，其体验的丰富度与细腻度可能不及《昆明的雨》的十分之一。因此，只要一个人有好奇心，愿意开阔眼界，品读《昆明的雨》就会是一个让人兴奋的发现之旅。同时，这也提示《昆明的雨》教学中存在一个困难，如果学生对新奇事物缺乏了解和探索的愿望，就很难对《昆明的雨》的内容感兴趣。为此，教师可以问学生："你们是否有难忘的经历，或者是否遇到过有趣的景象与事物？"我想绝大部分学生都会给予肯定的回答，教师可引导学生将这些内容写出来，看是否能做到如《昆明的雨》所描写的那样细腻、鲜活、动人，由此学生可体会《昆明的雨》好在哪里，此问题有助于激发学生的学习兴趣。

　　基于文学视角，《昆明的雨》中描写的各种景象和事物是意象，即蕴含着情感、由情感驱动的形象。所有艺术作品中的形象都是为了表达情感服务的，画家顾小芒用99天的时间完成了油画《烈日》，画的是烈日下一个少女的脸庞。这幅油画看起来和一张放大的照片一样，画细节就用了70多天。画家说这幅画中最难画的是头发，需要同时用三只勾线笔画每一根头发，包括其暗部、中间色和亮色。有网友提出疑问："有照相机了为什么还要这样画画？"画家回答："（画画）实际上是内心的感受，作为一个绘画者，笔触的轻松和呆滞与自己的心情有关，包括色彩的冷暖，那是我在控制。"同样，《昆明的雨》中一个个具体的事物和形象，绝对不是作者将现实场景原封不动地挪到文章中，我们在赏析《昆明的雨》时，一定要追索作者所写的人、事、景背后的情意，从而形成真正的情感共鸣。

　　汪曾祺说：

● 我希望我的作品能有益于世道人心，我希望使人的感情得到滋润，让人觉得生活是美好的，人，是美的，有诗意。你很辛苦，很累了，那么坐下来歇一会，喝一杯不凉不烫的清茶——读一点我的作品。(《我的创作生涯》)

- 一个文艺工作者、一个作家、一个演员的口味最好杂一点，从北京的豆汁到广东的龙虱都尝尝（有些吃的我也招架不了，比如贵州的鱼腥草）；耳音要好一些，能多听懂几种方言，四川话、苏州话、扬州话（有些话我也一句不懂，比如温州话）。否则，是个损失。口味单调一点，耳音差一点，也还不要紧，最要紧的是对生活的兴趣要广一点。(《吃食和文学》)
- 看看生鸡活鸭、鲜鱼水菜、碧绿的黄瓜、彤红的辣椒。热热闹闹、挨挨挤挤，让人感到一种生之乐趣。(《食道旧寻》)
- 人不管走到哪一步，总得找点乐子，想一点办法，老是愁眉苦脸的，干吗呢！(《紫穗槐》)
- 为人天真到像一个孩子，对生活充满兴趣，不管在什么环境下永远不消沉沮丧，无机心，少俗虑。(《沈从文的作文课》)

上面的每一个自白都很有价值！它们澄清了汪曾祺为什么要写作，以及他要通过文字表达怎样的情志，可以用于帮助学生理解《昆明的雨》写了什么，以及作者为什么要写这些内容。由此我们可以理解，汪曾祺会希望《昆明的雨》"有益于世道人心"，让人们生发对生命的热爱，感受生活的乐趣，忘却烦恼，获得心灵的放松。教师要提醒学生，我们要欣赏《昆明的雨》中的景物、事物，更要理解、懂得这些景物和事物蕴含的情意。汪曾祺在《我的创作生涯》中说："我把作画的手法融进了小说。有的评论家说我的小说有'画意'，不是偶然的。我对画家的偏爱，也对我的文学创作有影响。"《昆明的雨》和汪曾祺的诸多散文不就是一幅画吗？其内容非常具体，特别接地气、有烟火气，同时还非常优美，更重要的，这样的优美不只是"悦目"，更是饱含情感的"悦心"之美，让人体验深刻的、高层次的美感。

（二）情意升华

汪曾祺以温暖、好奇的目光注视这个世界，用文字表达对生活的热爱，但《昆明的雨》表达的情意没有停在这里而是形成了升华，并因此承载更高层次的审美意蕴和文化内涵。

汪曾祺的儿子汪朗为《汪曾祺回忆录》写序，里面提到汪曾祺回忆亲友的文章有一个特点：越是亲密的人，越无话可说。汪曾祺和大学同学朱德熙关系最好，朱德熙在美国因病辞世后，汪曾祺却显得很平静，只写了一篇发言稿《怀念德熙》。汪朗以为这是因为汪曾祺到了晚年，什么都看淡了，后来发现并非如此。汪朗写道[①]：

一天晚上，老头儿吃完饭回到自己房间里画画，忽然发出一阵阵长嗥，我们以为他犯了什么病，赶紧进屋查看。只见他满脸泪水站着，书桌上放着一幅刚刚画好的画，下面是两朵玉兰，上面是一只孤鸟，正准备落到树枝上。画的右下侧题了两行字。一行是"遥寄德熙"，另一行是"曾祺作此　泪不能禁"。可能他画的内容和他与朱德熙的交往有关，勾起了对老友的思念。老头儿见到我们，大声哭着说："我就这么一个最好的朋友啊！就一个啊！不在了！呜呜呜呜……"我们才知道，他对朱德熙的感情这么深。老头儿去世后，我们在他的书桌里发现了这幅画，寄给了朱德熙的夫人。

这件事让我们明白，汪曾祺不太在文章中写关系最密切的朋友，就是因为感情太深。感情太深，下笔就容易失控，写出的东西过于感伤，而这是他所不赞成的。因此他需要让时间平复情绪，然后动笔。不过，这只是我们的推测，他没说过。

汪朗的推测对吗？应该是对的。汪朗在这篇序言中提到，汪曾祺说："我以为小说是回忆。必须把热腾腾的生活熟悉得像童年往事一样，生活和作者的感情都经过反复沉淀，除尽火气，特别是除尽感伤主义。"汪曾祺的这些想法对解读《昆明的雨》非常重要！不仅是小说，所有文章表达的情感都要"除尽火气和感伤主义"。"文化大革命"后，"伤痕文学"曾一度很热，

[①] 汪朗：《关于回忆的一点儿回忆（序）》，载《汪曾祺回忆录》，人民文学出版社2020年版，序第4页。

也赚取了不少读者的眼泪。邓小平曾被问如何看待"伤痕文学",他只回答了八个字:"哭哭啼啼,没有出息。"因为伤痕文学体现的是"弱者的抱怨,弱者的哀音,弱者的痛苦"[①]。如果说前述"生命之热爱"是汪曾祺于《昆明的雨》中自然流露的情志,那么"除尽火气和感伤主义"则体现了作者的人生追求和创作理想,其中蕴含着情感的升华,从本能的对景物和事物的喜爱升华为触及人生观、世界观的情志,从而激发人们更深的领悟与感动。

汪曾祺在《〈独坐小品〉自序》中说:"老年写散文的多起来,除了因为'庾信文章老更成',老年人的文笔比较成熟,比较干净,较自然,少做作,还因为老人阅历多一些,感慨较深,寄兴稍远。另外就是书读得比较多。说得更明白一些,就是老作家的散文比较有文化气息。"我们要关注《昆明的雨》中作者的寄兴,关注其中的文化底蕴尤其是中国文人的审美意志,这些是《昆明的雨》的情意得以升华的重要原因。

以文化溯源的视角看,"除尽火气和感伤主义"非常符合《论语》中所说的"乐而不淫,哀而不伤",是儒家中庸思想的重要体现。《论语·雍也》有言:"中庸之为德也",《论语·先进》则有"过犹不及"之说,这些思想对中国文人的文艺创作产生了重要影响。唐代诗僧皎然在《诗式》中论诗有"四不""二要""二废""四离""七至"诸条:

- 四不:气高而不怒,怒则失于风流;力劲而不露,露则伤于斤斧;情多而不暗,暗则蹶于拙钝;才赡而不疏,疏则损于筋脉。
- 二要:要力全而不苦涩,要气足而不怒张。
- 二废:虽欲废巧尚直,而思致不得置;虽欲废词尚意,而典丽不得遗。
- 四离:虽期道情而离深僻,虽用经史而离书生,虽尚高逸而离迂远,虽欲飞动而离轻浮。
- 七至:至险而不僻,至奇而不差,至丽而自然,至苦而无迹,至近

---

① 李敖:《李敖有话说》,中国友谊出版公司2008年版,第47页。

而意远，至放而不迂，至难而状易。

此诗论指出文学创作要寻求多个因素之间的制约与协调，提醒人们在表达情感时要克制、节制，要寻求平衡。汪曾祺的散文包括《昆明的雨》非常符合此论之主张，体现出中国传统审美——对中庸的表现与追求。

三、理想人格

做人与为文是统一的，中庸、克制、平衡不仅是文艺创作的要求，也是对中国文人做人的要求。我们来看《荀子·不苟》中的一段话：

君子宽而不僈，廉而不刿，辩而不争，察而不激，寡立而不胜，坚强而不暴，柔从而不流，恭敬谨慎而容，夫是之谓至文。《诗》曰："温温恭人，惟德之基。"此之谓矣。

中国传统中的"谦谦君子""温温恭人"同样遵循中庸之道，这是中国传统文化中的理想人格。作家的写作，既是人格修炼的手段，也是人格修炼的结果。品读《昆明的雨》，要理解作者寄寓文章之中的情志，关注文字显现的人格力量。

汪曾祺当了两年"右派"，摘帽后没了接收单位，先留在农科所干些杂务，所里派他去张家口沽源编纂《中国马铃薯图谱》。汪曾祺在《沽源》中写道：

我在这里的日子真是逍遥自在之极。既不开会，也不学习，也没人领导我。就我自己，每天一早蹚着露水，掐两丛马铃薯的花，两把叶子，插在玻璃杯里，对着它一笔一笔地画。上午画花，下午画叶子——花到下午就蔫了。到马铃薯陆续成熟时，就画薯块，画完了，就把薯块放到牛粪火里烤熟了，吃掉。我大概吃过几十种不同样的马铃薯。据我的品评，以"男爵"为最大，大的一个可达两斤；以"紫土豆"味道最佳，皮色深紫，薯肉黄如蒸栗，味道也似蒸栗；有一种马铃薯可当水果生吃，很甜，只是太小，比一个鸡蛋大不了多少。

无论处于怎样的境况，汪曾祺都把日子过得"逍遥自在"，非常让人感动！这不就是"除尽火气和感伤主义"的体现吗？这样的情志贯穿于汪曾祺的作品中，当然也包括《昆明的雨》——我们从中看到"除尽火气"后的温润、平和、清亮。《史记·孔子世家》有这样一段记载：

孔子适郑，与弟子相失，孔子独立东郭门。郑人或谓子贡曰："东门有人，其颡似尧，其项类皋陶，其肩类子产，然自要以下不及禹三寸，累累若丧家之狗。"子贡以实告孔子。孔子欣然笑曰："形状，末也。而谓似丧家之狗，然哉！然哉！"

汪曾祺的生活与创作态度与此多么相似！汪曾祺的人生态度及其文字似柔实刚，就像从泥潭中生发的"中通外直"的莲花，其中分明有尊严、有坚强、有光明，表现了中国文人的追求——"君子自强不息""君子厚德载物"。

汪曾祺在《我是一个中国人——散步随想》中说：

我是一个中国人。

中国人必然会接受中国传统思想和文化的影响。我接受了什么影响？道家？中国化了的佛家——禅宗？都很少。比较起来，我还是接受儒家的思想多一些。

我不是从道理上，而是从感情上接受儒家思想的。我认为儒家是讲人情的，是一种富于人情味的思想。《论语》里的孔夫子是一个活人。他可以骂人，可以生气着急，赌咒发誓。

我很喜欢《论语·子路曾皙冉有公西华侍坐章》。"暮春者，春服既成，冠者五六人，童子六七人，浴乎沂，风乎舞雩，咏而归。"我以为这是一种很美的生活态度。

我欣赏孟子的"大人者,不失其赤子之心"。

我认为陶渊明是一个纯正的儒家。"暧暧远人村,依依墟里烟。狗吠深巷中,鸡鸣桑树颠。"我很熟悉这样的充满人的气息的"人境",我觉得很亲切。

汪曾祺说自己是一个"中国式的抒情的人道主义者",抒写了雨、花、菌、鸡的《昆明的雨》即展现了一片充满人道主义的"人境"。汪曾祺认可儒家的"讲人情",他的文章中充满了人间烟火气;他要做和孔子一样的"活人",他在文章中直露自己的好恶;他喜欢"浴乎沂,风乎舞雩,咏而归"的生活态度,他的文章中充满了生活的美好;他夸赞陶渊明是"纯正的儒家",他在文章中表达自己对闲适生活的向往;他欣赏孟子的"赤子之心",他将处变不惊寓于文章之中——这些情志都是我们在教授《昆明的雨》时应引导学生体会的。汪曾祺在《〈汪曾祺自选集〉重印后记》中说:

我觉得我还是个挺可爱的人,因为我比较真诚。

重读一些我的作品,发现:我是很悲哀的。我觉得,悲哀是美的,当然,在我的作品里可以发现对生活的欣喜。弘一法师临终的偈语:"悲欣交集",我觉得,我对这样的心境,是可以领悟的。

我的作品有读者,我真是一则以喜,一则以惧。我给了读者一些什么?我说过我希望我的作品有益于世道人心,我做到了么?能够做到么?

汪曾祺自陈自己的作品中有悲哀也有欣喜,重要的是,悲与喜并非不相干的拼凑与叠加,而是杂糅交织在一起,相互作用、相互转化、相互寄寓,最终形成"悲欣交集",这即是情感升华的过程与结果。我们是否能从《昆明的雨》中感受到"悲欣交集"?

回顾本文的开头,汪曾祺年轻时在昆明的生活是有苦闷的,40多年后他写《昆明的雨》并未提及这些。基于上面的解读,我们或可理解,这不是因为遗忘，也不是有意掩饰，而是儒家思想塑造的人格力量的体现，是"除尽火气和感伤主义"的创作追求的结果。《昆明的雨》中的人、物、境是"可爱的"，我们由此也看到了汪曾祺自认的"可爱及真诚"。汪曾祺希望其作品"有益于世道人心"，他自问："我做到了么？能够做到么？"只要真正读懂了《昆明的雨》，读懂了汪曾祺，我们可以肯定地回答——汪曾祺做到了，我们也感受到了！

《金色花》：无他，唯有美

关键教学问题

- 从老师给大家提供的资料来看，泰戈尔的诗作得到了很多中国著名作家的喜爱，你认为他们为什么喜欢泰戈尔的诗？
- 细读《金色花》，它给你怎样的感觉？你是否喜欢这首诗？为什么？
- 《新月集》中的大部分诗作包括《金色花》的主角都是儿童，谈谈你对泰戈尔诗中儿童意象的理解和感受。
- 泰戈尔的多首诗都有着和《金色花》一样的叙写模式，如嬉戏、环绕、轻触、隐藏、耳语等，这些内容给你带来怎样的感受？基于老师给大家提供的资料，你认为泰戈尔为什么要这么写？

《金色花》里出现了孩子和母亲，可以想见，这首诗又要被一些老师用来讲母爱了。不可否认，这首诗中有温馨、感人的母爱，但是从文学欣赏的视角来看，《金色花》有高级的审美意蕴，我们首先应聚焦于这首诗让人心动的美。

我们来看与《金色花》同在《新月集》中的《来源》[①]：

流泛在孩子两眼的睡眠——有谁知道它是从什么地方来的？是的，有个

[①] 本文引用的所有《新月集》的诗篇均出自泰戈尔：《新月集（英汉对照）》，郑振铎译，机械工业出版社 2017 年版。

传言，说它是住在萤火虫朦胧地照耀着林荫的仙村里，在那个地方，挂着两个迷人的腼怯的蓓蕾。它便是从那个地方来吻孩子的两眼的。

当孩子睡时，在他唇上浮动着的微笑——有谁知道它是从什么地方生出来的？是的，有个传言，说新月的一线年轻的清光，触着将消未消的秋云边上，于是微笑便初生在一个浴在清露里的早晨的梦中了——当孩子睡时，微笑便在他的唇上浮动着。

甜蜜柔嫩的新鲜生气，像花一般地在孩子的四肢上开放着——有谁知道它在什么地方藏得这样久？是的，当妈妈还是一个少女的时候，它已在爱的温柔与沉静的神秘中，潜伏在她的心里了——甜蜜柔嫩的新鲜生气，像花一般地在孩子的四肢上开放着。

我们会发现，这首诗与《金色花》的气质很像，但这首诗讲什么呢？它的"中心思想"在哪里？如果问语文老师，这样的诗可以选进教材吗？我想很多教师不同意、不允许，他们会拒绝教授找不到"中心思想"的作品。这首诗和《金色花》都是典型的具有"唯美"气质的作品，这样的作品较少出现在中小学语文教材中，但它却具有极高的艺术和审美价值。

《金色花》选自《新月集》，英文版《新月集》于1913年出版，主要译自1903年出版的孟加拉文《儿童集》，成集时加入了几首泰戈尔用英文创作的作品。泰戈尔的诗在20世纪初译介到中国后对中国作家产生了巨大影响，正如郑振铎在《飞鸟集》初版序中所说，当时的一些诗歌作者"大半都是直接或间接受泰戈尔此集的影响"。郭沫若自陈："在我自己的作诗的经验上，是先受泰戈尔诸人的影响，力主冲淡，后来又受了惠特曼的影响才奔放了起来的。"（《我的作诗的经过》）"最先对泰戈尔接近的，在中国恐怕我是第一个，当民国四年左右即已看过他的东西，而且什么作品都看。"（《郭沫若谈作诗》）那时郭沫若在日本求学，有一天一个同学送来《云与波》《婴儿的世界》《睡眠的偷儿》等诗篇，郭沫若一下子被这些作品迷住了，他进而如饥似渴地读了泰戈尔的《吉檀迦利》《新月集》《园丁集》《伽彼诗一百首》《暗室王》等作品。郭沫若在《泰戈尔来华的我见》中说："我在冈山图书馆中突然寻出他这几本书时,我真的好像探得了我'生命的生命',探得了我'生命的泉水'一样。每天学校一下课后,便跑到一间很幽暗的阅书室里去,坐在室隅,面壁捧书而默诵,时而流着感谢的眼泪而暗记,一种恬静的悲调荡漾在我的身之内外。我享受着涅槃的快乐。"冰心是另一个受泰戈尔影响的作家的典型。她在诗集《繁星》的序里明确说她的诗受了泰戈尔的影响。她在《遥寄泰戈尔》中说:"你的存蓄'天然的美感'、发挥'天然的美感'的诗词,都渗入我的脑海中,和我原来的'不能言说'的思想,一缕缕地合成琴弦,奏出缥缈神奇无调无声的音乐。"那么,泰戈尔的作品究竟具有怎样的神力?《金色花》是否也具有这样的神力?泰戈尔的诗包括《金色花》到底美在哪里?

一、儿童与纯真

凡读过《新月集》的人都会感到诧异,因为泰戈尔创作这些诗篇时已年过半百,其作品仍具有如此天真、纯洁、美好的儿童气质!

我们先来看一首诗:

哦,火!/铅灰色的渔家顶上,昏昏的一团红火!/鲜红了……嫩红了……/橙黄了……金黄了……/依然还是那轮皓皓的月华!/"无穷世界的海边群儿相遇。/无际的青天静临,不静的海水喧阗。/无穷世界的海边群儿相遇,叫着,跳着。"①/我又坐在这破船板上,/我的阿和/和着一些孩儿们/同在沙中游戏。/我念着泰戈尔的一首诗,/我也去和着他们游戏。/嗳!我怎能成就个纯洁的孩儿?

这不是泰戈尔的诗,而是郭沫若写的具有泰戈尔诗风的《岸上·其三》。郭沫若念着泰戈尔的诗,和着孩子们的游戏,他慨叹:"嗳!我怎能成就个

---

① 引号内的文字是泰戈尔的长诗《吉檀迦利》中的诗句。

纯洁的孩儿?"郭沫若极敏感地抓住了泰戈尔诗的一个关键特征——呈现基于儿童形象和儿童视角的纯真。《金色花》的主角就是一个天真可爱的孩子,他想象自己如果变成一朵金色花,笑嘻嘻地摇摆、跳舞,还会调皮地想:"妈妈,你会认识我吗?"他在妈妈呼唤自己时匿笑,一声不响却又散发香气缭绕在妈妈周围,还将自己的影子投到妈妈的书页上。妈妈问:"你到哪里去了,你这坏孩子?"孩子就调皮地说:"我不告诉你,妈妈。"这一切多么可爱,多么美好!郭沫若在《儿童文学之管见》一文中说:

写到儿童世界,我偶然想起泰戈尔《新月集》中的一首诗来,题名"婴儿之世界"……此诗中所含的愿望正是儿童文学家所当含的愿望;所刻画的婴儿心中的世界正是儿童文学家所当表现的世界,便是儿童文学中的世界。此世界有种不可思议的天光,窈窕轻淡的梦影,一切自然现象于此都成为有生命有人格的个体,不能以理智的律令相绳,而其中自具有赤条条的真理,如像才生下来的婴儿一样。

如前所述,英文版《新月集》编译自孟加拉文的《儿童集》,都是以孩子为主角的诗篇。泰戈尔诗中的儿童世界有"不可思议的天光""窈窕轻淡的梦影""赤条条的真理"!郭沫若对泰戈尔诗的认识真是深刻!而这些也是我们在赏析《金色花》时要着力体会的。泰戈尔在《新月集·玩具》中写道:

孩子,你真是快活呀!一早晨坐在泥土里,耍着折下来的小树枝儿。我微笑地看你在那里耍弄那根折下来的小树枝儿。我正忙着算账,一小时一小时在那里加叠数字。

也许你在看我,心想:"这种好没趣的游戏,竟把你一早晨的好时间浪费掉了!"

孩子,我忘了聚精会神玩耍树枝与泥饼的方法了。我寻求贵重的玩具,收集金块与银块。

你呢，无论找到什么便去做你的快乐的游戏；我呢，却把我的时间与力气都浪费在那些我永不能得到的东西上。

我在我的脆薄的独木船里挣扎着，要航过欲望之海，竟忘了我也是在那里做游戏了。

此文让我们一窥诗人的心绪，与成人世界比，儿童和儿童的世界太美好，太纯真。泰戈尔在《新月集》的诗篇中写了大量孩子可爱、俏皮的玩乐，或者有关孩童时美好的回忆——《金色花》即是这样。作者在努力回想、重现那个美好的孩童世界，他或许还想重新回到这个世界，变得像儿童一样纯真，就像郭沫若感慨的那样。可是，此愿望很可能会落空，这会让人感到些许的伤感。泰戈尔在《新月集·孩子天使》中写道：

他们喧哗争斗，他们怀疑失望，他们辩论而没有结果。

我的孩子，让你的生命到他们当中去，如一线镇定而纯洁之光，使他们愉悦而沉默。

他们的贪心和妒忌是残忍的；他们的话，好像暗藏的刀，渴欲饮血。

我的孩子，去，去站在他们愤懑的心中，把你的和善的眼光落在他们上面，好像那傍晚的宽宏大量的和平，覆盖着日间的骚扰一样。

我的孩子，让他们望着你的脸，因此能够知道一切事物的意义；让他们爱你，因此他们能够相爱。

孩子是"一线镇定而纯洁之光"，是照亮这个充满贪欲的世界的唯一希望！在这首诗中，泰戈尔将成人世界与儿童世界进行了对比，彰显儿童世界的纯真，希望成年人能欣赏儿童美好的品质，找回遗失的纯洁无瑕的世界与生命。泰戈尔通过这些诗篇，让人们牢牢地记得儿童世界的欢乐与美好，提醒人们珍惜它、不要丢掉它，如他在《新月集·家庭》中所写："在那些家庭里有着摇篮和床铺，母亲们的心和夜晚的灯，还有年轻轻的生命。他们满心欢乐，却浑然不知这样的欢乐对于世界的价值。"

王统照在《泰戈尔的思想与其诗歌的表象》中指出，泰戈尔的作品是泛神论和泛爱论的体现，"一言以蔽之，泰戈尔哲学实质就是'爱的哲学'"。翟世英在《泰戈尔的人生观与世界观》中说，对泰戈尔而言，"世界是从爱中生的，世界是被爱所维系的，世界是向爱转动的，又是于爱之中的"。"爱"是泰戈尔诗篇中的核心，《金色花》就在表达纯真的爱意。泰戈尔通过孩童的形象表达他对"爱"的内涵与本质的理解，孩童的一切——他们的笑、玩具、游戏、调皮乃至烦恼——就是纯粹的爱的表现。同时，孩童也是"爱"的对象，他们是"可爱"的——孩童没有被贪欲污染，也没有被丑陋伤害，有着冰心所谓的"天然的美感"，是表达对美的热爱和向往的最好的载体。冯飞在其编译的《塔果尔及其森林哲学》中说："塔果尔所谓神，或梵，即是绝对的美，或绝对的欢喜，或实在……"在泰戈尔看来，孩童就是完美和完满的，是真、美、善的化身。泰戈尔在《新月集·最后的买卖》中写道：

早晨，我在石铺的路上走时，我叫道："谁来雇用我呀。"

皇帝坐着马车，手里拿着剑走来。他拉着我的手，说道："我要用权力来雇用你。"但是他的权力算不了什么，他坐着马车走了。

正午炎热的时候，家家户户的门都闭着。我沿着屈曲的小巷走去。一个老人带着一袋金钱走出来。他斟酌了一下，说道："我要用金钱来雇用你。"

他一个一个地数着他的钱，但我却转身离去了。

黄昏了，花园的篱上满开着花。美人走出来，说道："我要用微笑来雇用你。"

她的微笑黯淡了，化成泪容了，她孤寂地回身走进黑暗里去。

太阳照耀在沙地上，海波任性地浪花四溅。

一个小孩坐在那里玩贝壳。

他抬起头来，好像认识我似的，说道："我雇你不用什么东西。"

从此以后，在这个小孩的游戏中做成的买卖，使我成了一个自由的人。

孩童纯真的品性完全地、彻底地虏获了包括泰戈尔在内的还向往着爱的成年人。泰戈尔的诗篇包括《金色花》，就是在赞美孩童的神性，赞美这爱的化身。郑振铎在《新月集》译者自序中说：

（《新月集》）把我们从怀疑贪望的成人的世界，带到秀嫩天真的儿童的新月之国里去。我们忙着费时间在计算数字，它却能使我们重又回到坐在泥土里以枯枝断梗为戏的时代；我们忙着入海采珠、掘山寻金，它却能使我们在心里重温着在海滨以贝壳为餐具，以落叶为舟，以绿草的露点为圆珠的儿童的梦。

泰戈尔的诗包括《金色花》，散发着梦幻的气息，是一场重回纯真世界的梦。品读《金色花》，要关注诗中的孩子，尤其要关注孩子所承载的美好品质，包括天真、非功利、纯粹的爱的付出与接受。孩子不只是年龄幼小的人类个体，更是一种返璞归真的样态与气质，这种样态和气质承载着人世间的某种珍宝，我们因此而惊奇和动容。

二、游戏与喜悦

《金色花》及泰戈尔的其他诸多诗篇的主角都是孩子，其中有很多对孩子游戏的描写。孩子喜欢游戏是很自然的，"游戏"是描述孩子生活的关键词，对泰戈尔及其作品而言，游戏不仅是孩子的一种具体活动，还具有深刻的审美意味。

泰戈尔艺术思想中有一个核心概念——"剩余"①，它是人区别于动物的根本特征。动物的所有活动都源于本能的生存需求，而人在进化过程中拥有

---

① 有关"剩余""游戏""喜悦"的内容可参见：
黄虹：《诗人的宗教：泰戈尔艺术思想中的三对概念》，载范景中等：《美术史与观念史》，南京师范大学出版社2020年版，第48—83页。
席勒：《美育书简》，徐恒醇译，中国文联出版公司1984年版。
毛崇杰：《席勒的人本主义美学》，湖南人民出版社1987年版，第181—185页。

了精神力量,这使其生活内容远远超出生存的范畴,其中包括想象的自由和创造的能力,这就是人所拥有的"剩余"。18世纪,康德在《判断力批判》中对美的非功利性进行讨论,席勒则提出人有剩余的精力,这是艺术创作和审美的关键驱动。席勒指出,人类必然经历由低级到高级阶段的发展过程,低级阶段的人一切活动都是为了生存,此阶段的人不具备审美能力,人发展到高级阶段时,形象和形式、装饰和游戏能够引发人的喜悦与爱好,这显示人具备了审美的意识和能力。可以有把握地说,泰戈尔对这些理论是熟悉的,泰戈尔所言之"剩余"与席勒(或许还有斯宾塞)对人之剩余精力的讨论有紧密关联。

泰戈尔与席勒都指出并强调了游戏的审美意义,因为游戏是"剩余"必然的、重要的表现,也是典型的康德所说的非功利性活动。游戏蕴含着创造性,人们会为自己创作的事物或形象感到快乐,这是游戏具有审美意味的根本原因。《金色花》不正是在描述孩子一个个的"游戏"吗?——想象变成金色花,笑嘻嘻地摇摆,在新叶上跳舞,妈妈呼唤自己却偷笑不吭声,因为妈妈认不出自己而得意,让妈妈闻到自己散发的香气,将自己的影子投在妈妈的书页上却又不让妈妈知道这是自己做的,最终出现在妈妈面前时却保守"到哪里去了"的秘密。

泰戈尔曾因提倡艺术的非功利性而受到批判。1914年至1915年,社会学家拉达喀莫尔连续发文攻击泰戈尔的作品远离民众,批评他放肆地使用游戏、嬉戏、节日、喜悦这类不具有现实主义、反抗精神的词汇。为此,泰戈尔在《绿叶》杂志发表《诗人的辩护》对此予以回应,宣布在这个"法庭"的"被告席"上,他一点也不感到羞耻,因为造物主为了疏泄"剩余"而创造了游戏,诗人和艺术家由"剩余"所激发的创造的本质就是游戏!通过文学刻画与呈现游戏,藉此表达对美的向往,使人们进入一个美好的世界并获得喜悦与安慰,这不是文学的一个重要价值吗?

此外,游戏还具有宗教意味,游戏的世界勾勒出彼岸的模样。毗湿奴[①]

---

① 印度教三相神之一。梵天主管"创造",湿婆主掌"毁灭",而毗湿奴则是"维护"之神。

以牧童的形象游戏凡间，神的创造活动常常与儿童的游戏相提并论。在一出10世纪左右的古典戏剧中，一位司掌语言的女神教导儿子："掩藏你的成人性，像儿童那样行事吧！"人世间有那么多不堪、痛苦、虚妄，人生有那么多扭曲、撕裂、不幸，游戏的世界纯真、美好，让人们得以休憩、疗伤，生发返璞归真的念想与力量。就像古时候人们带有宗教性的舞蹈、祭祀、祈祷，游戏同样是超现实的，它展现绝对价值，其中有大道理、大启示，人们因此摆脱无明并获得终极领悟。

毗湿奴的化身克里希纳的故事中经常提到游戏，还有一个相关的概念是"味的游戏"，原指克里希纳与被他的笛声所吸引的牧童一起舞蹈，牧童就像他的影子，而他则像是对着镜子起舞的孩子。因此，游戏有类比的意味——把儿童的游戏与神的活动进行类比。这样看来，《金色花》中孩子的游戏就是神的活动的映照，泰戈尔也将自己的心意假托于孩子的游戏中。在《诗人的辩护》中，泰戈尔说："如今我们由于使用游戏一词感到困窘，但生活就是游戏啊！"准确地说，在泰戈尔心中，富有想象力的、非功利的、纯然的、"剩余"驱动的人生就是"游戏"。泰戈尔认为，日益陷入追求收益、贪欲的泥淖的人们急需游戏的拯救，他们需要在游戏中恢复纯然的天性，灵魂得到净化，从中获得想象力，更获得喜悦和安宁！《金色花》中，孩子轻轻淡淡的游戏承载着喜悦，这游戏与成人的现实生活形成对照，让我们反思自己的人生是否丢掉了最珍贵的东西。我们每个人都曾经有这样纯洁、清澈的人性和人生，当我们对游戏、游戏的孩子心生艳羡，也许就是我们复归美好本性的时刻。

喜悦，是泰戈尔艺术创作中极为看重的一个理念。他在《诗人的辩护》中引用《泰迪黎耶奥义书》大梵创世的诗句："盖由阿难陀①而此众生得以生，以阿难陀而生者得以存；死者，又归入阿难陀也。"泰戈尔将上述诗句解释为："万物从喜悦中诞生，万物在喜悦中生存，万物朝向喜悦而去。"1924年，泰戈尔在加尔各答公开演讲时，有个学生提问："艺术是有利

---

① 梵语音译，意为欢喜、喜悦。

于人之本性的粮食吗?"当时泰戈尔便以此诗句作为回应,并指出阿难陀为梵之属性中的最后一层,此后无更高者。由此可见,喜悦不仅是一种情绪,它对人来说是具有彼岸意味的、最值得追求和珍视的境界,是灵魂得到净化、人性复归自然时而获得的大欢喜、大快乐,而游戏正是生发此欢喜、快乐的载体。

解读至此,我们会发现《金色花》中有三个互相关联的要素:孩童、游戏、喜悦。这首诗以孩子的游戏为载体,表现一种超越性的美好与喜悦,这是来自彼岸的呼唤,是可以让人的心灵得到净化的梵音。我们在读《金色花》时,可以感受到纯真和美好吗?精神是否得到了净化?内心有没有生发欢喜?如果答案是肯定的,我们就读懂了《金色花》,并触碰到它深刻又极致的美。

三、遐想与唯美

就像本文开头所展示的,我们在教学时总要追索文本的"意义",总想让文本发挥对学生进行教化的功用。不可否认,所有好的文学作品都有意义,也都有改变人心的功能,但是,有一类如《金色花》这样的文本,它们具有明显的唯美特征,能激发读者的欢喜与愉悦,让读者感受世界与生命的美好是其最大的价值。

唯美的"唯",强调某种属性的显著地位,如"唯物主义"和"唯心主义",分别强调了"物"(客观)或"心"(主观)在人类认识中的主导乃至统治地位,同样,文学作品的"唯美"强调感性、体验、形式、非功利性。"唯美"对人的价值是什么?举例而言,很多优质、畅销的产品讲求形式、包装的精美,如一辆汽车的外形和颜色会对其销量产生极大的影响,虽然绝大多数情况下形式和包装不影响产品的功能,但它决定了产品能否让人赏心悦目,而这对顾客来说显然是一个重要的价值。如上所述,当人们的生存需求获得了满足后,"剩余"的精神力量就会寻求非功利性的愉悦,这是人们追求、表现唯美最重要的基础和条件。还有,本书第一部分对"形式即内容"进行了分析,美的形式与美本身密不可分,换言之,美的形式也就是美本身。美妙的遐想、环绕与隐藏的叙写是《金色花》值得瞩目的文字形式,二者共同塑成了《金色花》的唯美气质。

(一)美妙的遐想

泰戈尔童年有一段他自称为"仆人统治"的经历:小泰戈尔的一个仆人知道他熟知《罗摩衍那》中悉多跃出罗奇曼所画的圆圈而遇难的情节,便把小泰戈尔安置在一个地方,画一个圆圈,恐吓他倘若出界就会遭殃,小泰戈尔果然乖乖地坐在那里。中午寂静无人时,小泰戈尔转向高大的榕树,观看阳光在榕树底下与阴影嬉戏。泰戈尔在《新月集·榕树》中写道:

喂,你,站在池边的蓬头的榕树,你可曾忘记了那小小的孩子,就像那在你的枝上筑巢又离开了你的鸟儿似的孩子?
你不记得他是怎样坐在窗内,诧异地望着你深入地下的纠缠的树根么?
妇人们常到池边,吸了满罐的水去。你的大黑影便在水面上摇动,好像睡着的人挣扎着要醒来似的。
日光在微波上跳舞,好像不停不息的小梭在织着金色的花毡。
两只鸭子挨着芦苇,在芦苇影子上游来游去,孩子静静地坐在那里想着。

泰戈尔在《回忆录》中说:"我总觉得生活和世界充满着一种神秘。我感到,每一个地方都隐藏着这种神秘。每天,我心里产生的最大问题是什么时候能够揭开这些秘密。我仿佛感到,大自然握紧自己的拳头,微笑地问道:'请猜猜,这里面有什么东西?'"[①]这与《金色花》中的诸多事物和情节多么相似!可以想见,泰戈尔在《金色花》中呈现的场景——大树、树

---

① 吴文辉:《泰戈尔》,四川人民出版社1999年版,第16页。

影、嬉闹，还有让妈妈"猜一猜"——是其幼年经历的再现。更重要的，这说明泰戈尔在幼年就形成了一种在静观中遐想的特质。遐想本身具有超脱现实的意味，就像漂浮在天空的云，那么远，又那么近，还不断变幻成各种样子。人的思绪在遐想中获得充分的舒展和自由，就像在一片大草原上信马由缰，任由马儿带着我们四处游荡，在这样的时刻，人们可以暂时摆脱现实的烦恼，让心灵得到放松与安宁。遐想因此而成为心灵净化、达致彼岸的手段。

前面呈现的《新月集·最后的买卖》全篇都是想象，再来看泰戈尔的《新月集·商人》中的一段文字：

妈妈，让我们想象，你待在家里，我到异邦去旅行。

再想象，我的船已经装得满满的，在码头上等候启碇了。

现在，妈妈，你想一想告诉我，回来时我要带些什么给你。妈妈，你要一堆一堆的黄金么？在金河的两岸，田野里全是金色的稻实。在林荫的路上，金色花也一朵一朵地落在地上。

我要为你把它们全都收拾起来，放在好几百个篮子里。

想象和遐想，让孩子、让诗人、让我们从一个世界到达另一个世界，这样的遐想那么轻盈，又那么神奇和有力量，它无远弗届，带人们到达至真至美的地方，一窥世间及心中最优美的风景与情致。

（二）环绕与隐藏

泰戈尔在《金色花》中创设了一种优美又别致的景致——环绕与隐藏。孩子以各种可爱的方式环绕着妈妈，并且幻作花香、花影与妈妈轻悄悄地接触。同时，孩子还会隐藏自己所做的这一切，不告诉妈妈自己刚才去哪儿了，也不会让妈妈知道自己曾在树上摇摆和跳舞。我们来看泰戈尔的《新月集·告别》：

我要变成一股清风抚摸着你;我要变成水的涟漪,当你浴时,把你吻了又吻。

……

我要变成一个梦儿,从你的眼皮的微缝中,钻到你睡眠的深处。当你醒来吃惊地四望时,我便如闪耀的萤火似的熠熠地向暗中飞去了。

在杜尔迦节,当邻舍家的孩子们来屋里游玩时,我便要融化在笛声里,整日价在你心头震荡。

亲爱的阿姨带了杜尔迦节礼物,她问道:"我们的孩子在哪里,姊姊?"妈妈,你将要柔声地告诉她:"他呀,他现在是在我的瞳仁里,他现在是在我的身体里,在我的灵魂里。"

这个诗篇不是和《金色花》非常相似吗?同样呈现了"环绕与隐藏"的景致。再来看《新月集·我的歌》:

我的孩子,我这一支歌将用它的乐声围绕你,好像那爱情的热恋的手臂一样。我这一支歌将触着你的前额,好像那祝福的接吻一样。

当你只是一个人的时候,它将坐在你的身旁,在你耳边微语着;当你在人群中的时候,它将围住你,使你超然物外。

我的歌将成为你的梦的翼翅,它将把你的心移送到不可知的岸边。

仍然是"环绕与隐藏"。这让我们想到了"缱绻"这个早在《诗经》中就出现的词,还会让我们想到佛教的"梵音"之说。"梵音",佛教谓大梵天王所出的音声,亦指佛、菩萨的音声,该音声有五种清净相:正直、和雅、清彻、深满、周遍远闻。宋代许必胜在《祥符寺得句》中说:"山意悟时僧不语,落花声间梵音清。"梵音,最轻也最重,最曼妙也最庄严,最让人不以为意也最振聋发聩。《金色花》中孩子的言语、行为、心理活动不就是"梵音"吗?它从空灵处袅袅而来,在我们的身边永存永续。

把我们带到喜悦彼岸的梵音是一种开示,它必然不是明确的说明与指导，而是通过一些迹象，悄悄地提示世间的美好与真相——就像《金色花》中的孩子所做的那样，以幻化的姿态轻轻地、带有一丝神秘地表露最纯真的美好与喜悦。泰戈尔在《新月集·仙人世界》中写道：

如果人们知道了我的国王的宫殿在哪里，它就会消失在空气中的。
墙壁是白色的银，屋顶是耀眼的黄金。
皇后住在有7个庭院的宫苑里；她带的是一串珠宝，值整整7个王国的全部财富。
不过，让我悄悄的告诉你，妈妈，我的国王的宫殿究竟在哪里。
他就在我们阳台的角上，在那栽着杜尔茜花的花盆放着的地方。

孩子又在跟妈妈说悄悄话了，其中隐藏着秘密。《金色花》里，妈妈问孩子到哪里去了，我相信，他刚刚去过《仙人世界》中的宫殿，这个宫殿就在从早上到黄昏开放着金色花的那个院落里。泰戈尔诗篇中的孩子一定还有更多有关美好与真相的秘密，这些秘密在《仙人世界》中的耳语里，在《告别》中的清风、涟漪、梦、笛声里，在《金色花》中的花香、花影、对妈妈的注视里。所有的这一切，那么轻，那么淡，那么不想惹人注意。被隐藏的爱意环绕着妈妈，也融入到妈妈的瞳仁里、身体里、灵魂里，爱意因此而无所不包、无远弗届、无所不能。这样的爱意最轻也最重，最淡也最浓。这些文字中包含的如轻轻划过的诉说一定会有人听到，也一定会有人感动。如果有人没有听到，泰戈尔不会提醒他；如果有人心存疑惑，不解这些曼妙的文字有何意义，泰戈尔也不会解释和辩驳，他会像孩子一样咯咯地笑着，至多说一句："我不告诉你……"

唯美！这就是唯美——真美啊！

就像本书第一部分所指出的，并不是每一个文学作品都可以进行主题的升华，如林海音的《爸爸的花儿落了》就是讲"父爱"的，尚没有更多的背景资料支持对此主题进行升华。《金色花》中有"母爱"的表现，但通过上面的分析我们会发现，这首诗在艺术层面有触及灵魂的高级审美意蕴，能给人更多、更深的领悟与感动。在教学时间有限的情况下，面对一个文学性文本，我们应先聚焦于对其进行审美分析。那么，该如何教一个没有明显"载道"的、具有唯美特质的文本呢？我认为，这样的文本不应该"教"，而应引导学生"感受"和"悟"①。我国早期象征派诗人王独清强调诗的"感觉"，强调"色""音"感觉的交错，主张"作者须要为感觉而作，读者须要为感觉而读"（《再谭诗》）。这个主张不但对品读象征派诗歌有价值，对品读具有唯美特质的作品也很重要。"美"首先是要被"感受"，请相信学生有能力感受美的事物，他们遇到美食、美景、优美的音乐时会生发欢喜、愉悦的感受，在遇到"唯美"之文时也（应）会有同样的感受。如果没有这样的感受，恰恰说明我们要对此进行着力培养，这不就是语文教学"美育"的意义吗？

---

① 有关"悟"，参见本书第一部分"'向上走'——高级审美"中"触及灵魂的美感需要'悟'"的分析。

《荷塘月色》：一刹那的出离

关键教学问题

- 阅读老师给大家提供的资料，你认为朱自清是一个怎样的人？这对你理解《荷塘月色》有怎样的影响？
- 《荷塘月色》开头说，"这几天心里颇不宁静"，根据老师提供的资料，你认为朱自清心里"颇不宁静"的原因有哪些？
- 生活中很多人都会外出走一走、散散心，如果把自己的所见所闻、所思所想写下来，不太可能成为《荷塘月色》这样的经典，你认为原因是什么？
- 阅读有关朱自清的"出离心""刹那主义"及"中和主义"的资料，这对我们理解《荷塘月色》有怎样的帮助？
- 朱自清从荷塘漫步中得到了什么？这对他而言有何意义？
- 阅读苏轼的《赤壁赋》《记承天寺夜游》、柳宗元的《小石潭记》以及张岱的《湖心亭看雪》，你认为这些文章与《荷塘月色》是否有相似之处？为什么？
- 叶圣陶认为朱自清的早期散文包括《荷塘月色》"有点儿做作""过于注重修辞"，你同意他的观点吗？为什么？基于与苏轼、柳宗元、张岱作品的比较，谈谈你对这个问题的看法。

朱自清的《荷塘月色》被奉为散文名篇，是语文教材的常驻篇目，但是很多学生并不喜欢这篇文章。这篇文章到底好在哪里？我们该如何给学生讲这篇文章？一个有趣的问题：朱自清还有一个散文名篇《梅雨潭的绿》也曾选入教材，如果《荷塘月色》和《梅雨潭的绿》只有一篇被选入教材，你会选择哪一篇？我们带着这些问题对《荷塘月色》进行解读。

《荷塘月色》写于 1927 年 7 月，当年 9 月 27 日，在给兄长的《一封信》中，朱自清说：

> 在北京住了两年多了，一切平平常常地过去。要说福气，这也是福气了。因为平平常常，正像"糊涂"一样"难得"，特别是在"这年头"。但不知怎的，总不时想着在那儿过了五六年转徙无常的生活的南方。转徙无常，诚然算不得好日子；但要说到人生味，怕倒比平平常常时候容易深切地感着。现在终日看见一样的脸板板的天，灰蓬蓬的地；大柳高槐，只是大柳高槐而已。于是木木然，心上什么也没有；有的只是自己，自己的家。我想着我的渺小，有些战栗起来；清福究竟也不容易享的。
>
> 这几天似乎有些异样。像一叶扁舟在无边的大海上，像一个猎人在无尽的森林里。走路，说话，都要费很大的力气；还不能如意。心里是一团乱麻，也可说是一团火。似乎在挣扎着，要明白些什么，但似乎什么也没有明白。

"像一叶扁舟在无边的大海上""要明白些什么，但似乎什么也没有明白"，看来在写下《荷塘月色》的那段时间，朱自清确实如文章所言"颇不宁静"。"不宁静"对理解《荷塘月色》极为关键，这是作者要出门走一走及创作《荷塘月色》的动力。朱自清有着怎样的"不宁静"，为何会"不宁静"，又怎样纾解它？总的看来，朱自清的"不宁静"主要是由于生活中的诸多矛盾、压力造成的，朱自清的"出离心"与"刹那主义"思想驱使他到荷塘边走一走，而这体现了中国文人的情志和行为方式——"闷即出游"。

一、人生的重重矛盾与不安

朱自清 1948 年 8 月 12 日去世，以下是其人生最后一年中的三个片段：

1948年1月29日，朱自清作旧体诗《夜不成寐，忆业雅〈老境〉一文，感而有作，即以示之》："中年便易伤衰乐，老境何当计短长。衰疾常防儿辈觉，童真岂识我生忙。室人相敬水同味，亲友时看星坠光。笔妙启予宵不寐，羡君行健尚南强。"叶圣陶评此诗："他近年来很有顾影呕呕的心情，在几次来信中都曾经提到，我想他恐怕自己的成绩太少，对于人群的贡献不太够的缘故。加上他的病，自己心中有数，就只盼成绩多一点好一点，能够工作就尽量工作。"（《谈佩弦的一首诗》）

　　1948年2月24日，朱自清答复吴景超不拟参与创办《新路》杂志。陈竹隐说："创办人中绝大多数是佩弦多年的老朋友，这些人邀请他参加，但他也断然拒绝了。值得指出的是：当时教授阶层的生活已经到了山穷水尽的地步。我们家人口多，尤其困难。为了生活，佩弦不得不带着一身重病，拼着命多写文章，经常写到深夜甚至天明。《新路》为了纠集民主个人主义者进行反人民的活动，用利诱的方式，出的稿费特别高。在这种情况下，佩弦坚决拒绝了他们，和中间路线划清了界限，表现了一个真正热爱祖国和正直的知识分子应有的操守。"（《忆佩弦》）

　　1948年7月23日晨，朱自清赴清华大学出席《中建》半月刊举行的"知识分子今天的任务"座谈。朱自清在发言中说："要许多知识分子每人都丢开既得利益不是容易的事，现在我们过群众生活还过不来。这也不是理性上不愿接受；理性上是知道该接受的，是习惯上变不过来。所以我对学生说，要教育我们得慢慢地来。"当日，吴晗亲自到朱自清家请他参会，朱自清走一会儿停一会儿，断断续续对吴晗说："你们是对的，道路走对了。不过，像我这样的人，还不大习惯，要教育我们，得慢慢地来，这样就跟上你们了。"（吴晗《关于朱自清不领美国"救济粮"》）

　　这三个片段典型体现了朱自清人生中三个方面的矛盾与压力：时事与政治，个人与社会生活，创作、学术与教学。它们贯穿了朱自清的成年生活，很多时候引发朱自清左右为难的心情，这是其在《荷塘月色》中表达其"颇不宁静"的主要原因。朱自清面对的矛盾和压力是多重的、持续存在的，很难说写《荷塘月色》的那几天，是哪些具体压力或矛盾引发其"颇不宁静"；

同时，引发朱自清矛盾、压力的事件有些距《荷塘月色》的写作时间较近，有些则较远，那么，呈现、分析这些矛盾、压力对解读《荷塘月色》还有意义吗？我认为是有意义的，就像作家少年的经历会对其成年的写作产生影响，距《荷塘月色》写作时间较远的重要事件也值得重视；同时，个体的人生是连续的，《荷塘月色》写作后朱自清面对的矛盾与压力对推知该文写作时的人生境遇同样有帮助。此外，了解朱自清感知的矛盾、压力及其反应，可更全面、深入地理解"他是一个怎样的人"。基于这样的"知人论世"，我们可以更深刻地理解《荷塘月色》。①

（一）时事与政治

朱自清生活在极为动荡的时代，遭遇了四个重大的"历史漩涡"——五四运动时期反帝反封建运动、军阀混战、抗日战争、国共内战。朱自清是一个有家国情怀、有正义感和社会责任感的人，面对"历史漩涡"，他没有冷眼旁观、退避自保，而是积极投入到反战争求和平、反独裁求民主、反压榨求民生、反歧视求平等的活动中。

1915年朱自清17岁时，就在与同学的讨论中表达对袁世凯独裁与暗杀革命者的愤慨。据陈竹隐回忆，1919年朱自清参加了"五四"游行。"北京中等以上学校学生联合会"成立后，朱自清参与了其中的具体工作。1919年底，朱自清加入在新思想文化传播和五四运动中起重要作用的平民教育讲演团，1920年当选为讲演团第四组书记。

朱自清以发表纪念与宣传文章、讨伐檄文、在宣言上签名等方式表达对时事与政治的关切。1924年9月17日，江浙战争爆发，俞平伯作《义战》一文，朱自清不满其说风凉话的态度，遂作批语，希望提振国人抗战信心。1925年"五卅惨案"后，朱自清作新诗《血歌——为五卅惨剧作》，对

---

① 有关朱自清的人生经历可参见：
姜建：《朱自清》，江苏人民出版社2013年版。
姜建、吴为公：《朱自清年谱》，光明日报出版社2010年版。

帝国主义者的暴行表示了极大愤慨，号召同胞奋起抗争。1926年3月18日，朱自清与清华师生参加为抗议日本帝国主义侵犯中国主权而举行的天安门集会，亲眼目睹了段祺瑞政府卫队屠杀请愿学生的血腥场面，3月23日和4月2日分别作散文《执政府大屠杀记》《哀韦杰三君》。1927年，何一公在"三一八惨案"中伤右足，后因伤口复发去世，朱自清发表散文《悼何一公君》。

　　1932年，朱自清在英国访学，他在1月22日的日记中表达了对国内时局的忧虑："我们的国家现在正处于紧急关头，我们正在忧患之中没落。我们能做些什么呢？有一件事是显而易见的，不能再讲空话了。"1月25日朱自清在给陈竹隐的信中说："这两天看报，中国情形很坏；上海已是岌岌不可终日！别处也在危险之中，特别是南京！谁能说有什么局面出来呢？但是我不敢想！……我相信唯一的出路是革命，但我们不知怎么总是不中用似的。教书念书，在这年头究竟有多少用处？谁知道！"1932年1月，朱自清得悉上海"一·二八"淞沪抗战爆发，他在日记中说："无线电广播说日本人占领了上海，商务印书馆和北火车站被炸成一片火海。这真是人类文化的浩劫。我耽心东方图书馆是否还幸存着！"当日，朱自清在给陈竹隐的信中说："这两天上海的事使我们彷徨！国命不知到底还有多长！前面是一片黑暗。"1935年12月6日朱自清致谢六逸信，表达了对乌烟瘴气的北平时局的愤怒和对抗日力量的疑虑。"一·二九"运动后，朱自清在日记中说："深感最近二次游行中，地方政府对爱国学生之手段，殊过残酷。"

　　1936年10月25日，朱自清等103名京津文化界教授、学者联署《教授界对时局意见书》。1936年11月，朱自清参与赴绥慰问团，赴绥东前线慰劳抗日将士。1936年12月13日，朱自清得知张学良在西安扣蒋的消息，两日后朱自清等7人起草了《清华大学教授会为张学良叛变事宣言》；12月16日晚，朱自清出席清华教授临时会议，决议致电太原阎锡山主任、绥远傅作义主席，克服西安事变影响，坚持抗战。1937年7月24日，朱自清出席宣传会议，起草《拒绝北京为不设防城市的建议》讲话稿。1938年5月，全国文艺界抗敌协会会刊《抗战文艺》创刊，朱自清和茅盾、郁达夫等33

人当选为编委会委员。1942年1月12日朱自清作杂论《论轰炸》，该文说："让咱们来纪念一切死于敌机轰炸的同胞罢，轰炸是火的洗礼，咱们的民族，咱们的国家，像涅槃的凤凰一般，已经从火里再生了！"1942年12月，朱自清作散文《新中国在望中》，他说："在我们面前的是胜利的中国，在我们望中的是新生的中国。可是非得我们再接再厉的硬干，苦干，实干，新中国不会到我们手里！"1945年8月10日，朱自清得悉日本侵略军投降的消息，欣喜万分。陈竹隐说："佩弦很兴奋的到大街上去和老百姓一起狂欢了一整夜。回来时，他带着沉重的心情对我说：'胜利了，可是千万不能起内战。不起内战，国家的经济可以恢复得快点，老百姓可以少受些罪。'"（《忆佩弦》）

1945年9月，朱自清在《为国共商谈致蒋介石毛泽东两先生电》上签名。11月，朱自清当选为"国立西南联合大学全体教授为十一月二十五日地方军政当局侵害集会自由事件抗议书"起草委员会委员。1946年1月20日，朱自清在《昆明教育界致政治协商会议代电》上签名，该代电提出"立即停止军事冲突""开放言论、出版、通讯、集会、结社及其他基本自由"等七项要求。1946年2月，朱自清作旧诗《胜利已复半载，对此茫茫，百端交集，次公权去夏见答韵》，表达对抗战胜利后社会现实的茫然和失望，诗中有"凯歌旋踵仍据乱，极目升平杳无畔。几番雨横复风狂，破碎山河天四暗。同室操戈血漂杵，奔走惊呼交喘汗"之语。1946年7月17日，朱自清得悉闻一多遇刺身亡，他在日记中写道："此诚惨绝人寰之事。自李公朴被刺后，余即时时为一多兄安全担心，但绝未想到发生如此之突然与手段如此之卑鄙！此成何世界！"8月16日朱自清作新诗《悼一多》，该诗最后一节说："你是一团火，照见了魔鬼；烧毁了自己，遗烬里爆出个新中国！"1947年2月23日，朱自清在《抗议北平当局任意逮捕人民宣言》上签名，5月29日，在《为反内战运动告学生与政府书》上签名。1947年11月2日，朱自清在《我们对于政府压迫民盟的看法》上签名，该文指出："今政府压迫民盟之举，实难免于'顺我者生，逆我者死'之诟病。……一不合作，遂谓之'叛'，稍有批评，遂谓之'乱'，又且从而'戡'之。试问人民的权利何在？人民的自由何在？"1948年7月9日，朱自清在《抗议枪杀东北学生宣言》上签名，对反动政府的暴行进行了抗议与谴责。

朱自清勉励青年学子奋发向上，投入到热爱祖国、保卫祖国、建设祖国的活动中。1930年5月，朱自清为清华1930届毕业生作《送毕业同学》，他说："这是一个特别的时代；也许特别好，也许特别不好，但'特别'是无疑的。……上前也罢，落后也罢，甚至没落也罢，在这时代里活一遭，我想总是值得的。"1935年4月，朱自清作歌词《清华第十级新生级歌》，鼓励学生在"举步荆榛，极目烟尘"的时代"薄冰深渊，持危扶颠，吾侪相勉为其难"。同在4月，朱自清作歌词《维我中华歌》："百余年间蹙国万里，舆图变色切衷肠。青年人，莫悲伤！卧薪尝胆，努力图自强。献尔好身手，举矢射天狼！还我河山，将头颅一掷何妨？……"1936年4月，朱自清作歌词《四川邛崃县敬亭学校校歌》，鼓励学生"孜孜为学，皎皎立身，除旧染，作新民，或尽力乡邦，或效命疆场，愿为佳子弟，愿为国之光"。1944年11月，朱自清作歌词《昆明五华中学校歌》，其中有言："还我大好河山，四千年祖国重光，责在吾人肩上。"

朱自清对动乱年代人民遭受的苦难颇感痛心，写下了一系列反映黑暗现实、表现底层人民凄惨生活的诗作和散文，如《人间》《星火》《憎》《小舱中的现代》《生命的价格——七毛钱》《白种人——上帝的骄子！》。1938年6月，朱自清在越南海防港接陈竹隐，陈竹隐说："在码头上，穷苦的搬运工人为了生活拼命地抢着搬行李。在旅馆里，法国有钱的人常常用鞭子抽打这些穷人，佩弦有时见到这情景，便气愤地制止说：'你不要抽他，他是中国人！'佩弦还很动感情地对孩子们讲：'我们要亡了国，也会像他们那样！'"（《追忆朱自清》）

从这些资料可以看到，朱自清关切时事与政治，有社会责任感，积极投入到图存救亡的运动中。但是，面对时事与政治，朱自清是很矛盾的，主要表现在两个方面：

第一，关心时事、参与政治对朱自清来说很可能是不得已，并不是他喜欢的。1928年，朱自清撰文《那里走——呈萍郢火栗四君》，说："在革命的进行中，容许所谓 Petty Bourgeoisie^① 同行者；这是我也有资格参加的。但我又是个十二分自私的人；老实说，我对于自己以外的人，竟是不大有兴味顾虑的。"1939年3月，朱自清作杂论《中年人与青年人》，指出中年人最不满意青年人"恃众要挟"这一点。朱自清指出：

> 在学校里发展集团组织，作救亡运动，原都可以；但学校还有传授知识，训练技能，培养品性等等主要的使命，若只有集团组织和救亡运动两种作用，学校便失去它们存在的理由，至少是变了质了。……现在居于指导地位的中年人所能作的，似乎还只是努力学术研究，不屈不挠地执行学校纪律，尽力矫正和诱导青年人，给予他们良好的知识、技能和品性的训练。……所以无论如何困难，总要本着孔子"知其不可而为之""不知老之将至"的精神作去。那怕只有一点一滴的成效呢，中年人总算是为国家社会尽了力了。

由此可以看出，朱自清对于青年从事泛政治化的活动是抵触的，他认为学校中的青年还是要重视知识、技能、品性的训练。1946年7月，朱自清作杂论《动乱时代》，分析了动乱时代的三种人：一种人陷入颓废与投机，一种人愤然而起，"要改造这个国家，改造这个世界"，还有一种人不甘废，也无法担负改造的任务，他们的精力和胆量只够守住自己的岗位。朱自清表示，他把希望寄托在后两种人身上。事实上，朱自清很可能将自己的主要社会角色定位于第三种人。

第二，对自己的政治立场朱自清也心存矛盾。1922年7月，朱自清参加少年中国学会的会议，并担任书记员，参会人员有"左翼"也有"右翼"，朱自清即表现出中立的态度，抑或在那时朱自清对自己的政治立场就心存困惑。1928年2月，朱自清在《那里走——呈萍郢火栗四君》中向四位老朋友倾吐了内心的苦闷：

---

① 即小资产阶级。

我在 Petty Bourgeoisie 里活了三十年，我的情调，嗜好，思想，论理，与行为的方式，在在都是 Petty Bourgeoisie 的；我彻头彻尾，沦肌浃髓是 Petty Bourgeoisie 的。离开了 Petty Bourgeoisie，我没有血与肉。……对于 Proletariat①，我所能有的，至多也不过这种廉价的同情罢了，于他们丝毫不能有所帮助。火说得好：同情是非革命；严格论之，非革命简直可以说与反革命同科！……但为了自己的阶级，挺身与 Proletariat 去 struggle 的事，自然也决不会有的。我若可以说是反革命，那是在消极的意义上。我是走着衰弱向灭亡的路；即使及身不至灭亡，我也是个落伍者。随你怎样批评，我就是这样的人。

1936年12月15日，朱自清等7人起草了《清华大学教授会为张学良叛变事宣言》，该宣言说："此次西安变乱，事出意外，薄海震惊。同人等服务学校，对于政治素无党派之见，日夕所期望者，厥为国家之兴盛，民族之康乐，以为苟有能使中华民族达于自由平等之域者，凡我国人皆应拥护。"由此宣言可以看出，朱自清不愿、避免参与左右之争。1938年12月，茅盾拜访了朱自清等人，他谈起抗战文艺运动中的问题，发现朱自清等人对这些问题并非不了解、不关注，只是没有主动参与，采取旁观的态度。1945年3月朱自清访闻一多，告不欲在《昆明文化界关于挽救当前危局的主张》上签名，他很可能感觉该主张党派意识过于浓厚而放弃签名。1947年4月，朱自清作《论气节》，说：

知识阶级开头凭着集团的力量勇猛直前，打倒种种传统，那时候是敢作敢为一股气。可是这个集团并不大，在中国尤其如此，力量到底有限，而与民众打成一片又不容易，于是碰到集中的武力，甚至加上外来的压力，就抵挡不住。而一方面广大的民众抬头要饭吃，他们也没法满足这些饥饿的民众。他们于是失去了领导的地位，逗留在这夹缝中间，渐渐感觉着不自

---

① 即无产阶级。

由，闹了个"四大金刚悬空八只脚"。他们于是只能保守着自己，这也算是节罢。

这段话透露出，朱自清认识到知识分子主观愿望与实际能力之间的差距，并产生深深的无力感。"只能保守着自己""逗留在这夹缝中间，渐渐感觉着不自由"，鲜明地显示了知识分子矛盾、彷徨的心情。

（二）个人与社会生活

朱自清在个人与社会生活方面表现出两个特点：一是耿介，二是家庭负担重、经济拮据。这都给他带来了相当大的矛盾和压力。

朱自清于北大毕业后，先到浙江一师任教。1921年，朱自清接受母校邀请到江苏省立八中任教，因在一件小事上被校方误解而辞职。同年，朱自清转到上海吴淞的中国公学任教，因与校方发生矛盾而与叶圣陶等人罢课、辞职，又回到了浙江一师。1925年，朱自清在春晖中学教书，不满学校对学潮的态度，与夏丏尊、朱光潜、丰子恺等人集体辞职。1936年2月，因不满校方对学生补考的要求，朱自清等多位教授在《国立清华大学教授辞职宣言》上签名并提出辞职。由这些事件可看出朱自清耿介、不逢迎的性格。朱自清有时还是一个很较真的人。余冠英在《悲忆佩弦师》中说："我初次见朱佩弦先生是在民国十年，那时他新就聘扬州江苏省立第八中学教务主任，我是正要投考那个学校的小学生。……同时我的小学教师洪为法先生带着另一个孩子也来报名，出乎意外的他们争执起来，似乎关于保证书有什么问题，一方要求通融一方坚执不允。结果是洪先生悻悻而去。当时我觉得这位教务主任表面谦和，实在是很严厉的。"这样的较真无疑会诱发生活中的矛盾、冲突并消耗朱自清的心力。

朱自清积极履行社会责任，他历任清华图书馆委员会主席兼清华图书馆主任、清华中文系系主任、校评议会评议员、清华大学出版委员会委员、教育部国语推行委员会委员。朱自清要和不同的人打交道，处理复杂的利益关

系,这很可能给他带来压力。1926年,朱自清作新诗《战争——呈W君》,该诗有言:

真聪明的达尔文,/他发现了"生存竞争"!/花团锦簇的世界,/只是一座森森的武库罢了;/锦簇花团的世界,/只是一场全武行罢了。/上帝派遣儿女们到这世界来时,/原是给了全副武装的。/一手一足之烈么,/便是笨拙的刀枪剑戟;/眼的明、耳的聪么,/便是精巧的快枪与勃朗宁;/最后才能、心思与言语,/那便是冲锋陷阵的机关枪和重炮了。

这是文学作品,不一定是作者自己的生活写照,但它至少可以说明朱自清对复杂的人际关系是非常厌恶的。从后面的分析可以看到,朱自清有明显的"出离心",以此逃避处理社会生活中的各种人际关系。

朱自清一生都面临经济拮据的困扰。我们在前面对《背影》的分析中已经看到,他在上大学时已受经济困顿之苦。1925年1月30日,朱自清致俞平伯信,他说:"我颇想脱离教育界,在商务觅一事,不知如何?"朱自清有这样的想法,很可能是因为做中学教师薪水太低。1923年他在温州十中教书时,由于战祸不断,地方军阀把持财政,教育经费得不到保障,再加上各级政府层层拖欠,一学期只拿到三个月工资是司空见惯的事。朱自清要维持一家四口的生计,还要接济老家的父母,生活已颇为难。这年秋天,妻子武钟谦又生了第三个孩子,朱自清从老家接来母亲帮忙照顾家庭,处于这样的情境中,朱自清便很难安心在学校教书了。

抗战期间因经济困难,朱自清嘱俞平伯将自己收藏的书籍卖掉以接济扬州老家。1936年5月30日,朱自清接三弟信,获知母亲病重家中急需钱用,赴前门兑换金戒指,未成。1937年10月20日,因扬州家中经济困难,向学校借款100元,汇父80元。1940年3月25日,朱自清在日记中写"向吴宓借款200元",日记中这样的借款记录还有多笔。1940年5月,日本封锁了滇越路和滇缅路,昆明物价飞涨,西南联大的教授陷于困顿,陈竹隐携儿女回成都,她说:"一九四四年(当为1943年),四川麻疹流行,我的三个孩子都一齐病了，小女儿住了医院。……佩弦在昆明非常念家里的情况，想回成都又没路费。后来还是徐绍谷说：'你拿点东西我给你卖了。'结果卖了一个砚台、一幅字帖，朋友们又凑了些钱，才买了飞机票回来。"（《追忆朱自清》）由此可见朱自清当时生活之窘迫。1942年4月8日，朱自清挟行军床至永安行寄售，拟售120元，被压价，仅允售50元，为此气恼不已。1942年冬，为御寒，朱自清购了一件马夫穿的毡披风，这在联大教授中绝无仅有。1945年3月，朱自清与联大、云大多位教授联名制定稿酬标准：（1）文稿每千字以斗米之价值计，米价以付酬时昆明米价为准；（2）报纸星期论文每篇以二斗米之价值计；（3）每次讲演以二斗米之价值计，讲演稿之发表须另依文稿付酬；（4）稿酬先惠，定时取稿，演讲报酬亦须先惠。由此可见，在巨大的经济压力之下，教授们似乎也放弃了内心的清高。

　　朱自清经历了丧妻丧子之痛，这对其打击相当大。1929年10月，武钟谦因肺结核回扬州养病，并携四个子女同行。朱自清在《给亡妇》中说："后来你天天发烧，自己还以为南方带来的疟疾，一直瞒着我。明明躺着，听见我的脚步，一骨碌就坐起来。我渐渐有些奇怪，让大夫一瞧，这可糟了，你的一个肺已烂了一个大窟窿了！大夫劝你到西山去静养，你丢不下孩子，又舍不得钱；劝你在家里躺着，你也丢不下那份儿家务。越看越不行了，这才送你回去。"11月26日，武钟谦因肺病逝于扬州家中，留下六个子女，其中三子于1931年夭于扬州。

　　1928年6月，朱自清创作散文《儿女》，他在其中回想了一段痛心的往事：

阿九才两岁半的样子，我们住在杭州的学校里。不知怎地，这孩子特别爱哭，又特别怕生人。一不见了母亲，或来了客，就哇哇地哭起来了。学校里住着许多人，我不能让他扰着他们，而客人也总是常有的；我懊恼极了，有一回，特地骗出了妻，关了门，将他按在地下打了一顿。……阿菜在台州，那是更小了；才过了周岁，还不大会走路。也是为了缠着母亲的缘故吧，我将她紧紧地按在墙角里，直哭喊了三四分钟；因此生了好几天病。妻说，那时真寒心呢！但我的苦痛也是真的。我曾给圣陶写信，说孩子们的磨折，实在无法奈何；有时竟觉着还是自杀的好。这虽是气愤的话，但这样的心情，确也有过的。

由此文可见，朱自清那时的生活真是煎熬啊！而此文距写作《荷塘月色》仅有一年之隔！1940年11月，朱自清的四女出生于成都，他作旧诗《公权四十三岁初度，有诗见示。忝属同庚，余怀怅触，依韵奉酬》，在诗中流露了沉郁的心境："堂堂岁月暗消磨，已分无闻井不波。八口累人前事拙，一时脱颖后生多。东西衣食驴推磨，朝夜丹铅鼠饮河。剩简零编亦何补？且看茅屋学牵萝。"想到朱自清艰困的生活，再看这首诗，实在感觉无比凄恻。

（三）创作、学术与教学

朱自清兼有作家、教师、文学理论研究者三重身份，他是一个特别勤奋的人，在这三方面都做得很好，产出大量高质量的作品和研究成果，但总觉得自己做得不够多、不够好，这给他带来了很大的压力。

朱自清在《转眼》的"小序"中写道："一九二〇年五月，在北京大学毕业，即到杭州第一师范教书。……但我自感学识不足，时觉彷徨。"作为一个刚毕业即将走上讲台的教师，这样想是很自然的，但朱自清似乎在自己整个的创作、学术和教学生涯中都缺乏自信。1920年，朱自清到浙江一师教书，他表现得诚惶诚恐，上了讲台其神情更是拘谨，一面讲，一面写，一面流汗，一副喘不过来气的样子。下课以后，回到教员休息室，朱自清又一边擦汗，一边为刚才哪一点没有讲透、哪条答问本可以发挥一下却没有而懊恼。1925年秋，叶圣陶作散文《与佩弦》（1981年作者修改此文并重题《记佩弦来沪》），写下他眼中的朱自清：

佩弦的慌忙，我以为该有一部分原因在他的认真。说一句话，不是徒然说话，要掏出真心来说；看一个人，不是徒然访问，要带着好意同去；推而至于讲解要学生领悟，答问要针锋相对；总之，不论一言一动，既要自己感受喜悦，又要别人同沾美利。这样，就什么都不让随便滑过，什么都得认真。认真得利害，自然见得时间之暂忽。如何教他不要慌忙呢？

因为"认真得利害"，教学带给朱自清相当大的压力，而且此压力与性格有关，对其而言很难消除。在文学创作方面，朱自清有时会对自己的天赋和能力产生怀疑，这也成为一个压力源。1922年，朱自清在给俞平伯的信中说："日来颇自惭愧。觉得自己情绪终觉狭小，浅薄，所以常要借重技巧，这真是极不正当的事！想想，很为灰心，拟作之稿，几乎想要搁笔——但因'敝帚自珍'底习气，终于决定续写了！"1928年7月，朱自清在《〈背影〉序》中说："我是大时代中一名小卒，是个平凡不过的人。才力的单薄是不用说的，所以一向写不出什么好东西。我写过诗，写过小说，写过散文。二十五岁以前，喜欢写诗；近几年诗情枯竭，搁笔已久。……我所写的大抵还是散文多。既不能运用纯文学的那些规律，而又不免有话要说，便只好随便一点说着。"这些应不是自谦或客套话，反映了朱自清内心的踟蹰和不安。

到清华大学工作后，朱自清周围有很多具备深厚国学功底的大家，这无形中又让他感到了压力。同时，清华大学中不同院系之间还存在"鄙视链"。在得到朱自清逝世的消息后，杨振声写下《纪念朱自清先生》，他在文中说：

民国十七年秋天，清华已正式改为大学，我担任了国文系系主任。那时清华的风气与现在大不相同，国文是最不时髦的一系，也是最受压迫的一系。教国文的是满清科举出身的老先生们，与洋装革履的英文系相比，大有法币与美钞之别。真的，国文教员的待遇不及他系教员的一半。因之一切都贬了值，买书分不到钱，行政说不上话，国文教员在旁人眼角视线下，走边路，住小房子。

处于这样具有高度竞争性的环境，作为一个敏感、自尊心强、自我要求高、认真甚至较真的人，朱自清很可能会感到相当焦虑。余冠英在《佩弦先生的性情嗜好和他的病》中说："（1942年7月）有一次我陪他在黑龙潭公园黑水祠前小坐，他谈到吴先生，也谈到死，他说人生上寿百年也还嫌短，百年之内做不出多少事来。这也许是他抑郁的原因。"朱自清此时已明显表现出消沉之态，对自己的事业发展感到不满应当是一个重要原因。1946年2月15日，朱自清出席清华大学文科研究所王瑶的毕业初试，他在日记中感慨道："参加王瑶口试。对自己不了解情况甚烦恼。知识不扎实，年龄大，致使记忆力衰退，虽读书，但记不住要点，实在可悲。"此时朱自清距其离世只有两年时间，他仍在为学术的精进而殚精竭虑。

摆脱行政工作、专心学术与创作是朱自清长时间以来的心愿，而这源于其时不我待的危机感。1940年，朱自清在给吴组缃的信中说："我这些年担任系务，越来越腻味。去年因胃病摆脱了联大一部分系务，但还有清华的缠着。行政不论范围大小，都有些麻烦琐碎，耽误自己的工作很大。我又是个不愿马虎的人，因此就更苦了自己。……今年请求休假，一半为的摆脱系务，一半为的补读基本书籍。一向事忙，许多早该读的书都还没有细心读过；我是四十多了，再迟怕真来不及了。"1943年12月，朱自清致信俞平伯：

弟离家二年，天涯已惯，然亦时时不免有情也。在此只教读不管行政。然迩来风气，不在位即同下僚，时有忧馋畏讥之感，幸弟尚能看开。在此大时代中，更不应论此等小事；只埋首研读尽其在我而已。所苦时光似驶，索稿者多，为生活所迫，势须应酬，读书之暇因而不多。又根柢浅，记忆差，此则常以为恨者，加之健康渐不如前，胃疾常作，精力锐减。弟素非悲观，然亦偶尔悚悚自惧。天地不仁，仍只有尽其在我耳。前曾拟作一诗，只成二句曰"来日大难常语耳，今宵百诵梦魂惊"，可知其心境也。

"不在位即同下僚，时有忧馋畏讥之感"，世事炎凉，多么痛苦和无奈！我们也可以看到，各方面的艰难袭扰着朱自清，而他在专业和学术方面仍不断努力乃至挣扎着。叶圣陶在《佩弦的死讯》中说:"他近年来很有顾影亟亟的心情,在几次来信中曾经提到。我想他未必如屈原所说的'恐修名之不立',却是恐怕自己的成绩太少,对于人群的贡献太不够的缘故。加上他的病,自己心中有数,就只盼望成绩多一点儿好一点儿,能够工作就尽量工作。"

综上所述,朱自清的人生中确实充满了重重的压力和矛盾,这些压力和矛盾持续了一生。朱自清在1921年写的三首诗就袒露其种种痛苦和挣扎,那时他还年轻,刚走入社会:

- 春底旅路里所有的悦乐,/我曾尽力用我浅量的心吸饮。/悦乐到底干涸,/我的力量也暗中流去。/恕我,不能上前了!(《旅路》)
- 理不清的现在,/摸不着的将来,/……/待顺流而下罢!/空辜负了天生的"我";/待逆流而上呵,/又惭愧着无力的他。被风吹散了的,/被雨滴碎了的,/只剩有踯躅,/只剩有彷徨。(《转眼》)
- 我清早和太阳出去,/跟着那模糊的影子,/也将寻我所要的。/夜幕下时,/我又和月亮出去,/和星星出去;/没有星星,/我便提灯笼出去。/我寻了二十三年,/只有影子,只有影子啊!/近,近,近,——眼前!/远,远,远,——天边!/唇也焦了;/足也烧了;/心也摇摇了;/我流泪如喷泉,/伸手如乞丐:/我要我所寻的,/却寻着我所不要的!(《自从》)

从这三首诗中我们能看到朱自清多么迷茫和彷徨。1941年朱自清进入了人生的后段,他作《近怀示圣陶》,其中有"少小婴忧患,老成到肝腑。欢娱非我分,顾影行踽踽。所期竭驽骀,黾勉自建树""索米米如珠,敝衣余几缕。老父沦陷中,残烛风前舞。儿女七八辈,东西不相睹""区区抱经人,于世百无补。死生等蝼蚁,草木同朽腐"之语。朱自清于此诗总结了其40多年的人生经历,全篇竟无一好语,尽显重重磨难与层层悲催,真可谓"一把辛酸泪,满纸苦楚言"。

至此,用相当多的篇幅介绍了朱自清的人生境遇,尤其是他面临的压力与内心的矛盾。为什么不概括地总结朱自清的压力和矛盾，而要呈现这么多的细节？首先，"知人论世"是文学欣赏的基础，对作者的了解有多深入、多细致，对其作品的感悟就会有多深刻，在这个意义上，不存在背景资料"呈现过多"的问题，只有资料是否充分和恰当的问题。仔细阅读上面的材料是否让我们有所触动？尤其是对理解《荷塘月色》有帮助吗？如果答案是肯定的，就说明这些资料是有价值的。

受儒家思想及科举制影响，中国古代绝大部分作家同时也是官吏，体现出"作家官吏化与官吏作家化"的特点，中国文学又有"文以载道"的传统，这使得古代作家一般不会通过作品表达"私情"，纯粹"娱情"的作品更少。此外，受记录和传播条件的限制，中国古代作家的人生经历往往只有约略的记载，想要通过丰富的背景资料深入解读作品变得困难。例如，后面会提及苏轼的《记承天寺夜游》，它与《荷塘月色》很相似，同样记叙作者在月夜到户外的游走。但由于缺乏苏轼在写这篇小文前后生活经历的具体资料，我们只能大概推测文章意涵与其被贬谪的人生事件有关，而这样的感知是比较粗糙的。就像"前言"中提到的，如果背景资料是丰富的、高质量的，文本的很多内容就不再需要讲解，读者自然会生发深刻的感悟，对文本中的文句自然能形成多重、多向的理解与品味。例如，当我们深入了解朱自清的人生经历后，再看《荷塘月色》中的"像今晚上，一个人在这苍茫的月下，什么都可以想，什么都可以不想，便觉是个自由的人"，一定会对这句话有更深的理解，也一定会因此生发真挚的感动。

综上所述，生活中重重的压力和矛盾是朱自清"心里颇不宁静"的原因，他因此于月色中在荷塘边走一走。此情此景呈露了中国文人、士人的情志与人生旨趣，其中有很深的文化意蕴。下面对《荷塘月色》的审美趣味进行分析。

二、出离心与刹那主义

从上面有关朱自清思想与作为的资料，我们可以看到他是有"出离心"

的。出离心是佛教用语，菩提心与出离心是大乘佛教教义的两个核心概念，其中出离心表达对脱离苦难和生死轮回的期盼。[①]朱自清想要过清净和自由的生活，回避杂事、俗事的牵绊，这是出离心的表现，也是受出离心的驱动。在某种意义上，出离心使朱自清在那一晚到荷塘边走一走并写下《荷塘月色》。

1928年，朱自清写下《荷塘月色》的第二年，他写了散文《儿女》，文中有言：

我结婚那一年，才十九岁。二十一岁，有了阿九；二十三岁，又有了阿菜。那时我正像一匹野马，那能容忍这些累赘的鞍鞯、辔头，和缰绳？摆脱也知是不行的，但不自觉地时时在摆脱着。

由此可以看到，朱自清对家庭及亲情关系是有回避、摆脱心理的。同在1928年，朱自清在《那里走——呈萍郢火栗四君》中说：

但我又是个十二分自私的人，老实说，我对于自己以外的人，竟是不大有兴味顾虑的。便是妻子，儿女，也大半因了"生米已成熟饭"，才不得不用了廉价的同情，来维持着彼此的关系的。

对一个中国文人来说，如此直接、露骨的言论可谓相当惊人！但我们知道，他说的是真心话。在这篇文章中朱自清还说："我既不能参加革命或反革命，总得找一个依据，才可姑作安心地过日子。我是想找一件事，钻了进去，消磨了这一生。我终于在国学里找着了一个题目，开始像小儿的学步。"政治生活中的各种力量拉扯着朱自清，对朱自清而言都是麻烦，是其"没有兴味顾虑的"，他对此同样是讨厌、回避的，他要钻到国学中躲清静，这些都是出离心的表现。

---

① 圣严法师：《虚空粉碎》，单德兴译，中国友谊出版公司2016年版，第77页。

朱自清称自己是"十二分自私的人",而且明确表示了对各种社会与家庭关系的回避态度,他为什么又说"摆脱也知是不行的"呢?为什么不喜欢还要结婚生子呢?为什么感觉痛苦还积极地参与政治活动、履行社会责任呢?毛泽东在1941年1月31日给毛岸英、毛岸青的信中说:"惟有一事向你们建议,趁着年纪尚轻,多向自然科学学习,少谈些政治。政治是要谈的,但目前以潜心多习自然科学为宜,社会科学辅之。将来可倒置过来,以社会科学为主,自然科学为辅。总之注意科学,只有科学是真学问,将来用处无穷。"①一个革命家、政治家希望自己的孩子起码在年轻时"远离政治",提醒他们"只有科学是真学问"。如果让毛泽东放弃自己的革命事业,他一定是万万不肯的,因为他认定这是自己不可推卸的责任。这显示了中国士人普遍的思想样态,朱自清也不外于此,他虽然也被事业、生活中的重重矛盾拉扯,但如果让他放弃用世,过陶渊明那样的田园生活,也必然是万万不肯的。

对朱自清而言,清静度日与积极用世无疑是一对矛盾。1945年6月25日,朱自清赴庆祝茅盾创作二十五周年暨五十寿辰纪念会,他于贺词中说:"我佩服你是一位能够将批评与创作、文艺与人生打成一片的人。"这句话显露了朱自清对此矛盾的体认及解决此矛盾的向往。朱自清的精神底色是儒家思想,不可能放弃"修、治、平""知其不可为而为之"的人生理想;同时,他求清净的个性又难以改变,因此他很难"选边站",即彻底地放弃一端而选择另一端——就像李叔同(弘一法师)彻底地、决绝地遁入佛门那样。对朱自清而言,比起矛盾的拉扯,或许知道矛盾不可解决更让他彷徨与痛苦。面对这样的窘境,朱自清怎么办呢?1922年11月7日,朱自清在给俞平伯的信中说:

我第一要使生活的各个过程都有它独立之意义和价值。——每一刹那

---

① 中共中央文献研究室编:《老一代革命家家书选》,中央文献出版社、生活·读书·新知三联书店1992年版,第30页。

有每一刹那的意义和价值!……我们只须"鸟瞰"地认明每一刹那自己的地位,极力求这一刹那里充分的发展,便是有趣味的事,便是安定的生活。……每一刹那的事,只是为每一刹那而做求一刹那里心之所安;虽然这一刹那所做与前者刹那,后些刹那有影响,有关联,但这个关联在我是无大关系的。我只顾在那样大关联里的这一刹那中,我应该尽力怎样做便好了。总之,平常地说,我只是在行为上主张一种日常生活的中和主义。(《信三通》)

朱自清在《荷塘月色》中写道:"这一片天地好像是我的;我也像超出了平常的自己,到了另一个世界里。""像今晚上,一个人在这苍茫的月下,什么都可以想,什么都可以不想,便觉是个自由的人。白天里一定要做的事,一定要说的话,现在都可不理。"这便是典型的"一刹那"的"心之所安",而这样的"一刹那"本质上是"出离心"的表现。朱自清在那一晚由喧闹压抑的现实生活中出离到"苍茫的月下",因此得以摆脱生活中各种胶着与撕扯。

在那一晚,在荷塘边,朱自清截取美好的生活片段,享受它、品味它——就像我们摘下一朵盛开的花插入花瓶中,在有限的时间内欣赏其最美丽的姿色,无论其未开时且在枝头的纷乱,也无念其一日后的枯萎与衰败——让这"一刹那"的美独立,也即让这"一刹那"的美永驻。朱自清沿着荷塘踱步,在这"一刹那"出离到"另一个世界",这里有月色、荷花、水流、光影,没有压力、没有牵扯,朱自清是自由的,尤其是拥有"什么都可以不想,什么都可以不做"的自由。

1923年1月13日,朱自清又致信俞平伯,继续讨论人生问题:

在实际上,我什么时要做什么事,便去做罢,不必哲学地去问他的意义与价值。总之,现在只须问世法,不必问出世法;在出世法未有一些解决以前,我们便只问世法罢了。——话又说回来了,出世法果真有了解决,便也成了世法了。我所谓世法,只是随顺我生活里每段落的情意底迸发的要求,求个每段落的满足!……我的意思只是生活底每一刹那有那一刹那底趣味,使我这一刹那的生活舒服。至于这刹那以前的种种,我是追不回来,可以无用过问;这刹那以后,还未到来,我也不必费心去筹虑。我觉我们"现在"的生活里,往往只"惆怅着过去,忧虑着将来",将功夫都费去了,将眼前应该做的事都丢下了,又添了以后惆怅的资料。这真是自寻烦恼!我现在是只管一步步走,最重要的是眼前的一步。……我的刹那主义,实在即是平凡主义。(《信三通》)

"使我这一刹那的生活舒服"!我们在阅读《荷塘月色》时感到这样的"舒服"了吗?不要再"惆怅着过去,忧虑着将来",享受当下在荷塘边的宁静与自由,不要辜负这一刻的美景带来的美意,不要在这一刻追问意义与价值,无待、无我、无己、无名①地生活着、感受着。这就是那一晚的荷塘漫步带给朱自清的美感吧,也是《荷塘月色》带给我们的感悟吧。

朱自清的"刹那主义"人生观明显受佛教禅宗的影响。朱自清在中学时就爱读佛学著作,大学时代依然对佛经着迷。朱自清在《买书》中写道:"到了北平来上学入了哲学系,还是喜欢找佛学书看。……那是个阴沉沉的秋天下午,街上只有我一个人。到寺里买了《因明入正理论疏》《百法明门论疏》《翻译名义集》等。"他在《信三通》(1923年4月10日写给俞平伯的信)中说:"我们的生活,我们的将来,我们的世界,只是这么一个小小圈子。要想跳过它,除非在梦中,在醉后,在疯狂时而已!一言以蔽之,莫想,莫想!"朱自清在荷塘边散步时,应当在潜意识中不断提醒自己:"莫想,莫想!"他以此暂时解决性本爱清净和积极用世的矛盾,更准确地说,是暂时忘却、躲开了人生中的重重矛盾。

怀着"刹那主义"想法的朱自清沿着荷塘的小路走着、看着、听着、闻着、想着,从脚下的小路到天上的月光,从眼见的荷花到想象的美人,从嗅

---

① 《庄子·逍遥游》有言:"唯无所不乘者,无待耳。""若夫乘天地之正,而御六气之辩,以游无穷者,彼且恶乎待哉!故曰:'至人无己,神人无功,圣人无名'。"

着的清香到通感的歌声，从近处的荷塘到远处的树色，从热闹的蝉声蛙声到空净的"我"，从这里的荷塘到惦着的江南，从当下的光影到六朝的《采莲赋》……此时此地，他不愿意想和不愿意做的事情都可以不想、不做，他的身体、感官、思想就这么自由地飘荡着，这让朱自清感觉多么舒服，也让读者感觉多么舒服！只是，清净安宁的时光，真的只是"一刹那"！"猛一抬头，不觉已是自己的门前"，又要回到那个不得不回去的世界，这会让人有一些伤感。但无论如何，朱自清和读者都领略了"一刹那"的超脱与自由，也是幸运的吧。

三、闷即出游

《荷塘月色》有一重极为重要的审美意蕴——"闷即出游"。"闷即出游"出自柳宗元的《与李翰林建书》：

> 永州于楚为最南，状与越相类。仆闷即出游，游复多恐，涉野有蝮虺大蜂，仰空视地，寸步劳倦。近水即畏射工沙虱，含怒窃发，中人形影，动成疮痏。时到幽树好石，暂得一笑，已复不乐。何者？譬如囚拘圜土，一遇和景，负墙搔摩，伸展肢体，当此之时，亦以为适。然顾地窥天，不过寻丈，终不得出，岂复能久为舒畅哉？

由前述资料可见，朱自清的人生中多有苦闷，这一点与柳宗元的遭遇很像。与柳宗元一样，朱自清也选择"闷即出游"——到荷塘边走一走并写下《荷塘月色》——藉此暂时纾解生活的苦闷和压抑。

事实上，"闷即出游"是千百年来中国文人、士人常见的一种行径。以柳宗元为例，他于唐顺宗永贞元年（805年）因拥护王叔文的改革被贬为邵州刺史，赴任途中被加贬为永州司马。被贬永州的柳宗元身体和精神都受到极大摧残，"行则膝颤，坐则髀痹"（《与李翰林建书》）。柳宗元还因极度的拘囚感备受折磨，他愤怒地发问："吾缧囚也，逃山林入江海无路，其何以容吾躯乎？"（《答问》）人生荒废与报国无门的绝望也时时折磨着柳宗元："悲夫！人生少得六七十者，今已三十七矣。长来觉日月益促，岁岁更甚，大都不过数十寒暑，则无此身矣。"（《与萧翰林俛书》）柳宗元常不避幽远探山访水，共写了八篇山水游记，后称《永州八记》。柳宗元出游的时候，往往是愁闷最重的时候，即为他所说的"闷即出游"，而他结束游程回返的时候，则往往是他失落感最强烈的时候——"入门守拘縶，凄戚增郁陶。慕士情未忘，怀人首徒搔"（《游南亭夜还叙志七十韵》）。刚刚领略到了一点"始至若有得，稍深遂忘疲"的乐趣，马上又被牵拽到了"去国魂已游，怀人泪空垂"（《南涧中题》）的现实悲患之中。

再来看苏轼的《赤壁赋》，它写于苏轼人生中的困难时期——因"乌台诗案"[①]被贬谪黄州期间。文中苏子面对赤壁美景"饮酒乐甚，扣舷而歌之"，但伴合的箫声却"呜呜然，如怨如慕，如泣如诉"。箫声是感伤的，苏子的心境应当也是悲恻的。苏轼在黄州时名义上是"团练副使"，却"本州安置，不得签书公事"，做着有职无权的闲官，这对怀着经济理想的士人来说无疑是痛苦的，此时的赤壁之游也成为"闷即出游"。

还有苏轼的《记承天寺夜游》，此文写于宋神宗元丰六年（1083年），离苏轼因"乌台诗案"被贬黄州已有四年。与苏轼交好的友人张怀民此时也谪居黄州，居承天寺。与《荷塘月色》同样的一个月夜，苏轼看到入户的月色"欣然起行"。苏轼至承天寺找到张怀民，二人来到庭院，"庭下如积水空明，水中藻荇交横，盖竹柏影也"。多么静谧、安宁的画面。当然，苏轼在这篇文章中没有明确表达自己的心情——如朱自清在《荷塘月色》开头说"这几天心里颇不宁静"，但我们从其被贬黄州的背景，仍会"不由自主"地感觉苏轼当晚是有心事的、惆怅的。他在小文的最后说："何夜无月？何处无竹柏？但少闲人如吾两人者耳。""闲人"，这一定蕴含着些许无奈的况味吧。

[①] 乌台诗案发生于元丰二年（1079年），时御史何正臣等上表弹劾苏轼，奏苏轼移知湖州到任后在谢恩的上表中对朝政暗藏讥刺，随后又牵连出大量苏轼诗文为证。此案在御史台受审。据《汉书·薛宣朱博传》载，御史台中有柏树，野乌鸦数千栖居其上，故称御史台为"乌台"，"乌台诗案"由此得名。

张岱的《湖心亭看雪》同样是"闷即出游"之作，此文收于张岱的回忆录《陶庵梦忆》。明朝灭亡后，张岱避居浙江剡溪山中。作者在《陶庵梦忆》的序中说："陶庵国破家亡，无所归止，披发入山，駴駴为野人。故旧见之，如毒药猛兽……因想余生平，繁华靡丽，过眼皆空；五十年来，总成一梦。"基于这样的背景，我们应可感受到《湖心亭看雪》中淡淡的愁绪。大雪三日后，张岱坐船来到"人鸟声俱绝"的湖中，独往湖心亭看雪，这样的景色和行径，很自然地给人带来寥落虚空之感。没想到在这苍茫空寂之中，还有两个人也在湖心亭，他们见了张岱很惊喜："湖中焉得更有此人？"我想张岱也是这么想的，怎么会遇到"像我一样的人呢"？船工也自言自语："莫说相公痴，更有痴似相公者。"这些描述分明让人生发孤独之感——天下何其大也，但如"我"一样的人有几人？能理解"我"所思所想的又有几人？

朱自清、柳宗元、苏轼、张岱等人的"闷即出游"，不只是出去走一走、散散心，其中有文化意涵，有高层次的美感。《孟子·尽心上》有言："人之有德慧术知者，恒存乎疢疾。独孤臣孽子，其操心也危，其虑患也深，故达。"这句话的意思是说：有德行、智慧、谋略、见识的人，常常生活于忧患之中，他们是孤臣孽子，常怀警惧与不安。朱自清、苏轼、柳宗元、张岱都是"孤臣孽子"，这是中国士人的本质。他们为何"恒存乎疢疾"？因为他们都是有知识、有理想、有责任感的人，他们有自尊自强之心，有经世济国之志，有成就自我的意愿。可惜，"天地不仁，以万物为刍狗"，他们或生逢乱世，或遭遇困厄，只要他们还有理想、不自暴自弃，不想浑浑噩噩地活着，就必然会感受痛苦和矛盾，这即是"闷"之来源。

如何祛除心中之"闷"？游于自然是这些士人的选择。《周易·系辞传》有言："古者包羲氏之王天下也，仰则观象于天，俯则观法于地。"《论语·雍也》有言："子曰：'知者乐水，仁者乐山。'"《庄子·知北游》说："天地有大美而不言，四时有明法而不议，万物有成理而不说。圣人者，原天地之美而达万物之理。"《道德经》第二十五章说："人法地，地法天，天法道，道法自然。"这些经典论述提示，中国传统文化中，人与自然有非常紧密的关系，天地与自然蕴含着真理与真相，中国文人、士人从自然中获得感悟、启示，这是文人、士人通过出游亲近自然而"去闷"的一个重要原因。例如，《赤壁赋》中，客人感自我之渺小，哀人生之短暂，苏子说："且夫天地之间，物各有主，苟非吾之所有，虽一毫而莫取。惟江上之清风，与山间之明月，耳得之而为声，目遇之而成色，取之无禁，用之不竭。是造物者之无尽藏也，而吾与子之所共适。"这意味着，大自然让我们从无常之中见到恒常，当我们认识到"物各有主，苟非吾之所有，虽一毫而莫取"，就不会患得患失，并拥有江上之清风、山间之明月这些大自然恩赐的宝藏——这些不就是自然给予我们的启示吗？我们藉此不也获得了释然吗？"感吾生之须臾"的愁绪在这一刻不是得到开解了吗？

自然能给予士人、文人以情感慰藉，这是他们"闷即出游"的另一个重要原因。"我见青山多妩媚，料青山见我应如是"，文人、士人与自然进行情感的分享与互动。陆机在《文赋》中说："遵四时以叹逝，瞻万物而思纷。悲落叶于劲秋，喜柔条于芳春。"人会因为自然景象生发丰富而细腻的情感，即《乐记》所说"人心之感于物也"。王夫之说："关情者景，自与情相为珀芥也。情景虽有在心在物之分，而景生情，情生景，哀乐之触，荣悴之迎，互藏其宅。"（《姜斋诗话》）士人、文人赋予自然万物以生命、情感和灵魂，如李白写"我寄愁心与明月，随君直到夜郎西"，杜甫写"感时花溅泪，恨别鸟惊心"，杜牧写"蜡烛有心还惜别，替人垂泪到天明"，辛弃疾写"红莲相倚浑如醉，白鸟无言定自愁"，自然回应着人们的情感，人们也藉此获得情感的慰藉。

柳宗元的游记呈现的大都是奇异、美丽却遭人忽视、为世所弃的山水。他在《小石潭记》中写道："四面竹树环合，寂寥无人，凄神寒骨，悄怆幽邃。以其境过清，不可久居。"这是作者上述苦闷、遗弃感、自怜等内心情感的写照。他在《钴鉧潭西小丘记》末尾说："我与深源、克己独喜得之，是其果有遭乎？书于石，所以贺兹丘之遭也。"小丘尚可碰到知音的赏识，相比之下，自己的遭遇不是更惨吗？柳宗元"闷即出游"，这些山水好像成为理解其遭遇的知音，他们同命相怜，作者因此而感到一些宽慰，虽然这样的宽慰可能转瞬即逝，就像朱自清凭"刹那主义"获得短暂的清净与安宁。

《记承天寺夜游》《湖心亭看雪》同样如此,从家中走出去,来到另一方天地以纾解苦闷,此刻大自然就是最好的心灵慰藉,就像朱自清在《信三通》中所说:"使我这一刹那的生活舒服。"

解读至此,回到本文开头提出的问题,《荷塘月色》和《梅雨潭的绿》,如果只有一篇选入教材,还是应该选《荷塘月色》,因为它蕴含更细密的情感,有更动人的背景,负载更隽永的文化意味。

最后,我们关注一下《荷塘月色》的艺术手法。叶圣陶在《朱佩弦先生》中说:

> 他早期的散文如《匆匆》《荷塘月色》《桨声灯影里的秦淮河》都有点儿做作,太过于注重修辞,见得不怎么自然。到了写《欧游杂记》《伦敦杂记》的时候就不然了,全写口语,从口语中提取有效的表现方式,虽然有时候还带一点文言成分,但念起来上口,有现代口语的韵味,叫人觉得那是现代人口里的话,不是不尴不尬的"白话文"。

叶圣陶对《荷塘月色》的评价是有道理的,我们可以引导学生体会叶圣陶所说的"做作""不怎么自然"是什么意思,如果《荷塘月色》存在这些问题,其表现是怎样的。值得注意的是,叶圣陶认为朱自清早期的散文"太过于注重修辞",而在很多《荷塘月色》的教学中,学生被提示要欣赏文章的修辞,如形式多样的比喻。对此我们应反思,朱自清在《荷塘月色》中运用这些修辞的必要性,以及修饰是否削弱了文章的审美价值——这可能是文章显得"做作""不怎么自然"的重要原因。上面简单分析了苏轼、柳宗元、张岱的作品,这些作品都是经典,具有极高的审美价值,如《赤壁赋》的"仙也""令人有遗世之想"[①],《记承天寺夜游》的"似约而丰,似寂寥而酣足,笔情萧闲"[②],《小石潭记》的"杳杳冥冥,忽忽悠悠"[③],《湖心亭看雪》

---

① 明代茅坤的评点语。
② 明代袁宏道的评点语。
③ 清代蒋之翘的评点语。

的"无所不有"又"一无所有"①。在讲解《荷塘月色》时，我们可引导学生进行群文阅读，仔细品读上述几位古代作家的作品，感受其蕴含的顶级美感并与《荷塘月色》进行比较。同时，也可以让学生读一读朱自清的《欧游杂记》《伦敦杂记》，领略朱自清或更加成熟、自然的散文风格。

---

① 清代祁彪佳的评点语。

《荷花淀》：战争与浪漫的相遇

关键教学问题

- 《荷花淀》中是否有让你非常感动的细节，如果有，你为何感动？
- 你如何理解"浪漫"？《荷花淀》浪漫吗？为什么？
- 战争是血腥、残酷的，《荷花淀》不但不写这些血腥和残酷，还大量呈现了温馨、美好、幽默的画面，对此谈谈你的理解。
- 阅读《荷花淀》的姊妹篇《芦苇荡》，两篇小说中的战斗都是顺利、轻松的，还带有传奇性，这给你带来怎样的心理感受？对塑成《荷花淀》的浪漫气质有何作用？
- 阅读孙犁的诗作《白洋淀之曲》，可发现《荷花淀》与其有相似的叙写模式，《荷花淀》的诗意给你怎样的心理感受？对塑成《荷花淀》的浪漫气质有何作用？
- 谈谈你对"革命浪漫主义"的理解。孙犁是如何将"革命"与"浪漫"进行整合的？革命浪漫主义文学为何富有魅力和生命力？

《荷花淀》是孙犁创作的短篇小说，它最初于1945年5月15日发表在延安《解放日报》的副刊上。《荷花淀》对学生的语文学习有重要意义，它是语文教材中少见的以战争为题材同时具有浪漫气质的作品，可谓战争与浪漫相遇的产物。浪漫是一种非常高级的、具有深刻美感的情思，浪漫主义作品具有极高的审美价值，对提升学生的审美品位非常有意义。

孙犁在1981年所写的《文集自序》中说："我所走的文学道路，是现实主义的。有些评论家，在过去说我是小资产阶级的，现在又说我是浪漫主义的。他们的说法，不符合实际。"以此而言，孙犁似乎不同意将其作品定性为浪漫主义。1941年，孙犁在《论战时的英雄文学——在冀中〈前线报〉文艺小组座谈会上的发言》中说：

今天要不要浪漫主义的渲染？在我们有了基础，有了技术，同时又有适合浪漫主义的题材时是可以的。当然，我们的浪漫主义是积极的浪漫主义，我们渲染的目的是要加强人们的战斗意志。浪漫主义适合于战斗的时代，英雄的时代。这种时代，生活本身就带有浓烈的浪漫主义色彩。

从这段话来看，孙犁又鼓励在文学中运用浪漫主义手法。事实上，孙犁的两个说法并不矛盾，因为世界上没有纯粹的现实主义或浪漫主义，现实主义的核心是理智与再现，浪漫主义的核心是抒情与表现，文学必然要表达情感与感动，无论多么理智、客观的作品，多多少少都有浪漫情怀；同时，所有文学作品都源于现实，浪漫主义作品也必然扎根于现实的土壤。郭沫若在《浪漫主义和现实主义》中说："文艺上的浪漫主义和现实主义，在精神实质上，有时是很难分别的。前者主情，后者主智，这是大体的倾向。但情智是人们所具备的精神活动，一个人不能说只有情而无智，或者只有智而无情。"[①]由此看来，孙犁不是反对创作时运用浪漫主义手法，而是反对他人否定其作品中的现实主义元素，将现实主义和浪漫主义割裂开来。下面，我们从"浪漫之花"和"现实之根"两个方面来品读《荷花淀》，感受其充实而又动人的美。

一、浪漫之花

根据《现代汉语词典》的解释，"浪漫"的含义是"富有诗意，充满幻

---

① 郭沫若：《浪漫主义和现实主义》，载文艺报编辑部：《论革命的现实主义和革命的浪漫主义相结合》，作家出版社1958年版，第16页。

想"。"浪漫主义"是"指17世纪末至18世纪末流行于欧美的一股思潮和文学艺术上的一种创作方法,运用丰富的想象和夸张的手法,塑造人物形象,反映现实生活"。勃格姆曾发出警告:"谁试图为浪漫主义下定义,谁就在做一件冒险的事,它已使许多人碰了壁。"① 文学中的浪漫及浪漫主义的内涵、起源、发展确实非常复杂,我们在此不对浪漫主义这个概念进行学理分析,仅就《荷花淀》这篇文章为具体考察对象,体会和欣赏它的浪漫气质——优美、诗性、传奇。

(一)优美

《荷花淀》是一篇以战争为题材的小说,却充满优美的景物描写,以及温馨、欢乐的对话和情节:

- 苇眉子又薄又细,在她怀里跳跃着。
- 这女人编着席。不久,在她的身子下面就编成了一大片。她像坐在一片洁白的雪地上,也像坐在一片洁白的云彩上。
- 她有时望望淀里,淀里也是一片银白世界。水面笼起一层薄薄透明的雾,风吹过来,带着新鲜的荷叶荷花香。
- 几个女人有点儿失望,也有些伤心,各人在心里骂着自己的狠心贼。可是青年人永远朝着愉快的事情想,女人们尤其容易忘记那些不痛快。不久,她们就又说笑起来了。
- 她们轻轻划着船,船两边的水,哗,哗,哗。顺手从水里捞上一棵菱角来,菱角还很嫩很小,乳白色,顺手又丢到水里去。那棵菱角就又安安稳稳浮在水面上生长去了。
- 那宽厚肥大的荷叶下面,有一个人的脸,下半截身子长在水里。荷

---

① 参见利里安·弗斯特:《浪漫主义》,李今译,昆仑出版社1989年版;以赛亚·伯林:《浪漫主义的根源》,吕梁等译,译林出版社2019年版。

花变成人了？那不是我们的水生吗？又往左右看去，不久各人就找到了各人丈夫的脸。啊，原来是他们！

- 水生拍打着水去追赶一个在水波上滚动的东西——是一盒用精致纸盒装着的饼干。

- "不是她们是谁，一群落后分子！"说完，把纸盒顺手丢在女人们船上，一泅，又沉到水底下去了，到很远的地方才钻出来。

多么优美的叙写！这是在写一场残酷的战争吗？为什么要这么写战争呢？

《荷花淀》中有一段描写具体战斗的文字，也是从容、优美的："媳妇们"被日本兵发现后紧张地逃跑，但她们"摇橹的手并没有慌"，此时又出现了优美的景物描写："她们奔着那不知道有几亩大小的荷花淀去，那一望无边际的密密层层的大荷叶迎着阳光舒展开，就像铜墙铁壁一样。粉色荷花箭高高地挺出来，是监视白洋淀的哨兵吧。"战争很快即告结束，敌人被埋伏的战士们也即"丈夫们"歼灭——"战士们已经把打捞出来的战利品全装在他们的小船上，准备转移。一人摘了一片大荷叶顶在头上，抵挡正午的太阳。几个青年妇女把掉在水里又捞出来的小包裹丢给了他们。战士们的三只小船就奔着东南方向，箭一样飞去，不久就消失在中午水面上的烟波里"。真是优美，目之所及都是优美！《荷花淀》中，敌人被顺利地歼灭了，甚至这样的歼灭都是优美的；战士们打捞战利品，并和自己的妻子温馨对话，虽然看起来是在嗔怪她们。《荷花淀》的副标题是"白洋淀纪事之一"，其姊妹篇"白洋淀纪事之二"是《芦花荡》，写于 1945 年 8 月，与《荷花淀》一样有浪漫气质，优美的描写同样出现在这篇小说中：鬼子们被水下的钩子困住之后，老人家"举起篙来砸着鬼子们的脑袋，像敲打顽固的老玉米一样"。轻松俏皮的文字颇具漫画感。此前他跟女孩儿说："他们打伤了你，流了这么多血，等明天我叫他们十个人流血！"流露出一股可爱的孩子气。

《荷花淀》中有一个情节是比较沉重和让人伤感的，水生第二天要到大部队上去，下面是夫妻二人头天晚上的对话：

女人没有说话。过了一会儿，她才说："你走，我不拦你，家里怎么办？"

水生指着父亲的小房，叫她小声一些，说："家里，自然有别人照顾。可是咱的庄子小，这一次参军的就有七个。庄上青年人少了，也不能全靠别人，家里的事，你就多做些，爹老了，小华还不顶事。"

女人鼻子里有些酸，但她并没有哭，只说："你明白家里的难处就好了。"

水生想安慰她。因为要考虑和准备的事情还太多，他只说了两句："千斤的担子你先担吧。打走了鬼子，我回来谢你。"

说罢，他就到别人家里去了，他说回来再和父亲谈。

鸡叫的时候，水生才回来。女人还是呆呆地坐在院子里等他，她说："你有什么话，嘱咐嘱咐我吧。"

"没有什么话了，我走了，你要不断进步，识字，生产。"

"嗯。"

"什么事也不要落在别人后面！"

"嗯，还有什么？"

"不要叫敌人汉奸捉活的。捉住了要和他们拼命。"这才是那最重要的一句，女人流着眼泪答应了他。

"打走了鬼子，我回来谢你""你有什么话，嘱咐嘱咐我吧""你要不断进步，识字，生产"，真是优美，真是浪漫！只是"不要叫敌人汉奸捉活的。捉住了要和他们拼命"这句话，让人顿感残忍和凄恻。在这样分别的时刻，夫妻二人的心一定是揪着的，读者的心也会因此感到沉重，但我们仍能感受到真挚的情感在涌动，温情与美好铺满了这个离别的场景。

战争当然是残酷的，战争中必然充斥着血腥、残酷、毁灭。孙犁在《论通讯员及通讯写作诸问题》中例举了穆欣的一篇通讯中的情节：

弄得敌人没有办法，便用铁锤敲掉他们父子的牙齿，并且，郭寿山——这个伟大英雄头上的头发，也都被敌人拔了去。

敌人活埋了他们，四只脚露在外面。

第二天，敌兵又到瓦窑村，把郭寿山的妻子捆绑拷打，并用马尾绞掉她的两个奶头……

孙犁对此内容的评论是："我们不能说敌人屠杀、侮辱，对我们已是司空见惯，不必再说出。我们要把这些最代表敌人兽性的事实，具体地用血泪控诉出来。"因此，孙犁赞同、鼓励文学叙写战争的血腥和残酷。同时我们要认识到，孙犁描写战争中的优美与温情不是逃避现实，更不是粉饰太平。孙犁在《文集自序》中说："我喜欢写欢乐的东西。我以为女人比男人更乐观，而人生的悲欢离合，总是与她们有关，所以常常以崇拜的心情写到她们。我回避我没有参加过的事情，例如实地作战。我写到的都是我见到的东西，但是经过思考，经过选择。"由此可见，《荷花淀》散发优美、浪漫气息有两个成因：客观上，孙犁缺乏对实地战争的体验和观察；主观上，孙犁倾向于写欢乐的内容，尤其是对女性的赞美。我们在后面也会看到，中国农村女性面对战争时的无畏、乐观所展现的撼人心魄的力量。

战争有不同的面向，孙犁描写的是优美、温情甚至愉悦的一面，某种意义上这不是战争的主流，但其鼓舞人心、揭露战争罪恶的力量丝毫不弱，甚至在某些方面更强！《荷花淀》让我们看到中国的农民是多么淳朴，多么善良，又多么有志气！我们看到美好的人、美好的人性、美好的家园，侵略者要通过战争毁灭这一切，自然会激起人们最激烈的反抗与愤慨。只有深深地体会和珍视这些美好，我们才能知道为什么要不惜一切代价去保护它，才能知道所有的流血牺牲都是值得的。

《荷花淀》的优美蕴含着从容和体面，面对战争这一巨大浩劫，人们也许惊恐和痛苦，但仍然镇定下来面对一切，熬过痛苦不堪的夜晚，清晨，拭干脸上的泪痕，像往常那样生活。也许会被敌人的子弹击中，但倒下的那一刻依然保持挺立的姿势——体面地活着就是对侵略者有力的回击，最清晰地映照出侵略者的卑下与猥琐。丁玲在《读魏巍的朝鲜通讯——〈谁是最可爱的人〉与〈冬天和春天〉》中说："真正有思想，能达到教育目的的好作品，就必然有它的优美的表现手法和形式,这也就是有'艺术性'。"《荷花淀》即以"优美的表现手法和形式",铺展了一幅感人至深的动人画面。"优美"使《荷花淀》成为一个艺术品,其内核是一种革命的乐观和大无畏精神,读者因此产生畅快、愉悦的感受,这是它富有浪漫意味、彰显革命浪漫主义的根本原因。

(二)诗性

前面提到,"浪漫"的一个关键特征是"富有诗意"。诗,天然地具有浪漫气质,我们来看诗人覃子豪在《九月之晨》中状写浪漫的出征:

清晨披着乳白色的雾/我骑上红马/穿着黄色的戎衣/雨后的黄泥/滞着我轻快的马蹄//……//上前线去吧/上前线去吧/我已经看见像战士鲜红的血液的/——九月的蔷薇/在一丛绿叶之间//我安慰似的摘下了蔷薇/插在红马的头上/红马飞驰着奔向兵站

这首诗有着多么惊人的美!真可谓是"血色浪漫"!

《荷花淀》是一篇富有诗意的小说,它因此而富有浪漫意味。孙犁有一本收录了七首诗的诗集《白洋淀之曲》,这些诗都是在抗日战争时期写的。我们来看他的诗作《白洋淀之曲》中的部分内容:

菱姑有一对明亮的眼睛,/而和水生结了婚,/那明亮的眼睛,/就赛过黑夜的星星。
……
水生有时温柔,/但有时更粗暴;/有一年为了有人来抽鱼税,/他曾领导着伙伴打闹!
那时菱姑曾经劝说,/但水生回答:/"你要容忍,/那你就别生活!"
村游击小组成立,/水生射击在苇塘,/在堤后,/在灵巧的小艇上。

菱姑担心，/他回答，/笑着可也庄重——/"等敌人把你抢走吧！"
……

菱姑看见：/残荷梗，/飞飘的荻花，/冻在冰里的红菱；

菱姑看见：/堤上被锯伐的柳杨，/烧毁的门窗，/扯碎的渔网；

残废的桅，/破碎的船板，/连鱼儿也消瘦了，/连水草也要求抗战！

白洋淀上，/冻结着坚厚的白冰，/白冰上冻结着鲜红的血！牺牲者——水生的英灵！

热恋活的水生，/菱姑贪馋着战斗，/枪一响，/她的眼睛就又恢复了光亮！

我们会发现，这首诗与《荷花淀》在内容与气质上非常相似，可以说《荷花淀》就是小说形式的诗，亦可说《白洋淀之曲》是诗性的散文或小说。前面呈现的《荷花淀》中非常优美的场景、动作、对话，都具有明显的诗性和诗意。还有，"月亮升起来，院子里凉爽得很，干净得很""水面笼起一层薄薄透明的雾，风吹过来，带着新鲜的荷叶荷花香""水面没有一只船，水像无边的跳荡的水银""那一望无边际的密密层层的大荷叶迎着阳光舒展开，就像铜墙铁壁一样"，这些景物描写典型体现了中国诗歌创作传统——借景抒情，有很强的形象性和画面感，优美的画面与战争相结合，产生了独特而强烈的情感冲击力。孙犁在《谈诗的语言》中说："文学的语言应当是大众的口头语，但这并不妨碍作家在他的作品的语言上用功夫，加以洗炼和推敲。作家要在使用大众的语言不变种为'另一种语言'的原则下，使语言艺术化。"《荷花淀》的语言无疑被仔细推敲过而变得艺术化、诗化，并因此而有了诗性和诗意。

杨朔在《〈东风第一枝〉小跋》中说："不要从狭义方面来理解诗意两个字。杏花春雨，固然有诗，铁马金戈的英雄气概，更富有鼓舞人心的诗力。你在斗争中，劳动中，生活中，时常会有些东西触动你的心，使你激昂，使你欢乐，使你忧愁，使你沉思，这不是诗又是什么。"杨朔的这个评论用于《荷花淀》非常恰当，孙犁在《荷花淀》中投入了极深极细的情感，由此催生了以诗性的语言承载的优美画面。换言之,《荷花淀》的优美、诗性是由浓烈的情感驱动的,而这形成了"鼓舞人心的诗力"。《毛诗序》有言:"在心为志,发言为诗。情动于中而形于言,言之不足故嗟叹之,嗟叹之不足故咏歌之。"诗意是情意的体现,理解《荷花淀》的诗性和诗意,必须理解作者寄寓其中的情意。孙犁在《关于〈荷花淀〉的写作》中说:

  我在延安的窑洞里一盏油灯下,用自制的墨水和草纸写成这篇小说。我离开家乡、父母、妻子,已经八年了。我很想念他们,也很想念冀中。打败日本帝国主义的信心是坚定的,但还难预料哪年哪月,才能重返故乡。
  可以自信,我在写作这篇作品时的思想、感情,和我所处的时代,或人民对作者的要求,不会有任何不符拍节之处,完全是一致的。
  我写出了自己的感情,就是写出了所有离家抗日战士的感情,所有送走自己儿子、丈夫的人们的感情。我表现的感情是发自内心的,每个和我生活经历相同的人,就会受到感动。

  真挚、充沛的情感是作品诗意的源泉。"我表现的感情是发自内心的,每个和我生活经历相同的人,就会受到感动",这不就是"情动于中而形于言"吗?就像刘昭明在《散文的诗意》中指出的:"诗意是指鲜明的艺术形象,浓郁真实的生活气氛和旺盛的革命感情的有机统一。"孙犁深情地注视着这片土地上的人们,以优美的语言发出对抗日农民的咏叹,他关注着中国人民的抗日战争,并且坚信一定会取得最终的胜利。
  诗源于歌唱,人类早期歌唱出现于巫术和祈祷中,其本质是一种仪式。在所有的文学形式中,诗歌的形式化、仪式化程度最高,文学性、艺术性最强,富有诗性、诗意的《荷花淀》也因有仪式感而生发浪漫气息。仪式典型地表现为一套模式化、形式化的行为或表现,《荷花淀》凸显了某些元素又淡化了某些元素,这使它表现出特定的模式与形式。优美的风景,家常的对话,顺利乃至欢乐的战斗,让人触动的细节,如水生嫂妇听说水生第二天就要到大部队上去,"女人的手指震动了一下,想是叫苇眉子划破了手。她把一个手指放在嘴里吮了一下",是作者凸显的;战争的细节及残酷的场景是作者弱化的,如一场战斗迅速结束,其过程可谓顺利乃至优雅,这样的战斗像"走过场"。这样的凸显与弱化会让我们联想到戏剧舞台上模式化、形式化的骑马、追逐、打斗的表演,例如,舞剧《东方红》的情节有特定的模式,其舞蹈也有若干模式化的"招牌"动作,这些都使得舞剧具有很强的仪式感。教师在教授《荷花淀》时,可以让学生想象他们喜欢的文艺作品中形式化、仪式化的表现方式,在此基础上体会《荷花淀》中具有仪式感的场景描写,进而感受其诗性及浪漫意味。

(三)传奇

"浪漫传奇"是一个常见的被人们普遍接受的词汇,它说明传奇往往是浪漫的,而浪漫的事物往往又具有传奇性。"传奇"之"奇"指奇人、奇事,有异想、奇幻、神异的意思,其典型与关键特征是充满遐想或幻想。可以这么说,有想象、遐想、幻想介入的文学作品就会有传奇意味,如汉代以前的神话传说、寓言故事和野史杂传,魏晋南北朝时期的志怪、志人小说,唐代的传奇,宋元两代的话本,明清两代的白话长篇小说以及近代的谴责、公案、武侠小说。20世纪20年代,传奇书写的基因进入革命文学,生成了"革命传奇""英雄传奇""战争传奇""红色传奇"。[1]《荷花淀》即具有"英雄传奇""战争传奇"的特点,基于想象和夸张,作者塑造了带有传奇意味的人和事,这是它富有浪漫意味的一个重要原因。

如前所述,《荷花淀》的姊妹篇《芦花荡》同样具有浪漫气质,小说主人公是一个将近60岁的船夫,他每天夜里出入水淀,负责进出封锁区的交通,包括运输物资、护送干部等。有一次他护送两个得了疟疾的女孩,却不慎被敌人发现,其中一个女孩被击伤。我们来看《芦花荡》的传奇叙写:

---

[1] 参见"现代传奇叙事之革命篇",张文东等:《浪漫传统与现实想象:中国现代小说中的传奇叙事》,中国社会科学出版社2007年版,第311—353页。

……他没法解释：大江大海过了多少，为什么这一次的任务，偏偏没有完成？自己没儿没女，这两个孩子多么叫人喜爱！自己平日夸下口，这一次带着挂花的人进去，怎么张嘴说话？这老脸呀！他叫着大菱说：

"他们打伤了你，流了这么多血，等明天我叫他们十个人流血！"

……

第二天，中午的时候，非常闷热。一轮红日当天，水面上浮着一层烟气。小火轮开得离苇塘远一些，鬼子们又偷偷地爬下来洗澡了。……一个干瘦的老头子，只穿一条破短裤，站在船尾巴上，有一篙没一篙地撑着，两只手却忙着剥那又肥又大的莲蓬，一个一个投进嘴里去。

他的船头上放着那样大的一捆莲蓬，是刚从荷花淀里摘下来的。不到白洋淀，哪里去吃这样新鲜的东西？来到白洋淀上几天了，鬼子们也还是望着荷花淀瞪眼。他们冲着那小船吆喝，叫他过来。

老头子向他们看了一眼，就又低下头去，还是有一篙没一篙地撑着船，剥着莲蓬。船却慢慢地冲着这里来了。

小船离鬼子还有一箭之地，好像老头子才看出洗澡的是鬼子，只一篙，小船溜溜转了一个圆圈，又回去了。鬼子们拍打着水追过去，老头子张皇失措，船却走不动，鬼子紧紧追上了他。

……老头子又是一篙，小船旋风一样绕着鬼子们转，莲蓬的清香，在他们的鼻子尖上扫过。鬼子们像是玩着捉迷藏，乱转着身子，抓上抓下。

一个鬼子尖叫了一声，就蹲到水里去。他被什么东西狠狠咬了一口，是一只锋利的钩子穿透了他的大腿。别的鬼子吃惊地往四下里一散，每个人的腿肚子也就挂上了钩。他们挣扎着，想摆脱那毒蛇一样的钩子。那替女孩子报仇的钩子却全找到腿上来，有的两个，有的三个。鬼子们痛得鬼叫，可是再也不敢动弹了。

我读这个片段时流泪了。为何流泪？因为老人家胜利了？是的，这是一个原因，还有一个或许更重要的原因是，我被文章的浪漫情怀感动了。《芦花荡》和《荷花淀》都描述了一场战斗，两场战斗不但迅速结束，而且整个过程非常轻松，甚至还透露出优美的意味。这样的艺术处理使得两篇小说都具有传奇性——小说中的人物有如神助，他们做的事情有些不可思议。如前所述，浪漫的文字往往"充满想象乃至幻想"，体现浪漫主义的文学创作往往"运用夸张或传奇的手法"，我们在《荷花淀》和《芦花荡》中能明确看到孙犁积极地调动想象，并且运用了夸张的手法。

教学时学生可能会问：《荷花淀》以战争为写作题材，为什么把战斗写得这么简单，甚至充满了想象？这个问题很好，也很重要。为了回答这个问题，我们先来看一个例子。1980年，已82岁高龄且一只眼睛失用的张大千，经过反复考虑，勇敢地接受了一次挑战：要画出一幅泼墨巨画——《庐山图》。朋友们对张大千的这个决定非常吃惊，因为他一生中虽游遍神州大地，却从未去过庐山。① 张大千说："这张画，画的是我心中的庐山。"② 张大千还写了三首《庐山图》七绝：

其一：不师董巨不荆关，泼墨飞盆自笑顽。欲起坡翁横侧看，信知胸次有庐山。

其二：从君侧看又横看，叠壑层峦杳霭间。仿佛坡仙开笑口，汝真胸次有庐山。

其三：远公已远无莲社，陶令肩舆去不还。待洗瘴烟横雾尽，过溪亭前我看山。

张大千表现的是他"认为的"和"想象的"庐山的美，这是一种超越了"眼见"的"心见"！这样的想象和夸张最重要的价值在于：它们表达了作者的情志，体现了对现实的超越。孙犁在《荷花淀》中描写的人、景、事本质上也是其想象的结果，即在他的情志中，这片发生了战争的土地上有怎样的风景，这里的人在做怎样的事。

---

① 李永翘：《张大千传》，中国青年出版社2014年版，第420页。
② 汪国权等：《庐山古今诗词选》，江西美术出版社1993年版，第224页。

由此我们可以体会，文艺作品中的景与事，必然经过了艺术加工，其中的关键即为艺术想象。孙犁在《关于〈荷花淀〉的写作》中写道："从冀中平原来的同志，曾向我讲了两个战斗故事：一个是关于地道的，一个是关于水淀的。前者，我写成一篇《第一个洞》，后者就是《荷花淀》。"孙犁对中国农民的抗日活动有亲身观察和感受，《荷花淀》的内容有现实基础，但它毕竟是一个小说而不是战事报告或社科论文，孙犁在创作《荷花淀》时运用想象、夸张是合理且必要的。也正是这样的想象、夸张，塑造了小说的传奇气质。

张大千的作品展现了超越现实风景的美，孙犁也通过想象、夸张实现了对现实的超越，塑造了更本真、更鲜明的人物形象和理想人格，表达了对中国人民必然获得抗日战争胜利的坚定信念。这样的艺术创作是否不真实呢？答案是相反的。艺术家基于想象实现超越是对事物认识深刻化、本质化的过程，因此更触及事物的本质、表现事物的本真。

综上所述，优美、诗性、传奇是塑成《荷花淀》浪漫气质的三个要素。下面，我们通过《荷花淀》《芦苇荡》和另一篇战争题材的课文——《夜莺的歌声》[①]的结尾，深入体会战争与浪漫的相遇。

《荷花淀》的结尾：

冬天，打冰夹鱼的时候，她们一个个登在流星一样的冰船上，来回警戒。敌人"围剿"那百顷大苇塘的时候，她们配合子弟兵作战，出入在那芦苇的海里。

《芦苇荡》的结尾：

老头子把船一撑来到他们的身边，举起篙来砸着鬼子们的脑袋，像敲打

---

① 《夜莺的歌声》曾被选入小学语文教材。该文描写了一个孩子从容不迫地把敌人引入密林，并通过笛子模仿夜莺的叫声，通知游击队员敌人的人数。在收到游击队员同样以鸟鸣所作的回应后，孩子立即遁入密林，敌人被游击队员全歼。

顽固的老玉米一样。他狠狠地敲打，向着苇塘望了一眼。在那里，鲜嫩的芦花，一片展开的紫色的丝绒，正在迎风飘撒。在那苇塘的边缘，芦花下面，有一个女孩子，她用密密的苇叶遮掩着身子，看着这场英雄的行为。

《夜莺的歌声》的结尾：

第二天，在被烧毁的村子的围墙旁边，在那小路分岔的地方，孩子又穿着那件绿上衣，坐在原来那河岸边削什么东西，并且不时回过头去，望望那通向村子的几条道路，好像在等谁似的。从孩子的嘴里飞出婉转的夜莺的歌声。这歌声，即使是听惯了鸟叫的人也觉察不出跟真夜莺的有什么两样。

这些结尾多么相似！充分显现出优美、诗性、传奇的特征，具有极强的绘画感和雕塑感，很像电影中把镜头拉远而呈现出的意味深长的图景。教师可让学生接触更多的革命浪漫主义文艺作品，而且不要局限于文学作品，例如，除了上面提到的舞剧《东方红》，教师还可以引导学生欣赏歌曲《游击队之歌》《打靶归来》，电影《小兵张嘎》《铁道游击队》《地雷战》《地道战》，等等，以此加强学生对革命浪漫主义的理解和欣赏。

二、现实之根

浪漫主义文学作品富于想象乃至幻想，但其内容绝不是虚假、捏造的，它必须有现实基础——浪漫的花必然有现实的根。这个根有多壮、在土中扎得有多深，浪漫的花就会有多鲜艳、多芬芳。如前所述，孙犁指出其作品总体来看是现实主义的，这并未否定《荷花淀》等作品的浪漫意味，而是强调浪漫主义的作品具有现实基础。孙犁在《游击区生活一星期·人民的生活情绪》中写道：

有一天早晨，我醒来，天已不早了，对间三槐的母亲已经嗡嗡地纺起线来。这时进来一个少妇在洞口喊："彩绫，彩绫，出来吧，要去推碾子哩。"她叫了半天，里面才答应了一声，通过那弯弯长长的洞，还是那样娇嫩的声音："来了。"接着从洞口露出一顶白毡帽，但下面是一张俊秀的少女的脸，花格条布的上衣，跳出来时，脚下却是一双男人的破棉鞋。她坐下，把破棉鞋拉下来，扔在一边，就露出浅蓝色的时样的鞋来，随手又把破毡帽也摘下来，抖一抖墨黑柔软的长头发，站起来，和她嫂子争辩着出去了。她嫂子说："人家喊了这么半天，你聋了吗？"她说："人家睡着了么。"嫂子说："天早亮了，你在里面没听见晨鸡叫吗？"她说："你叫还听不见，晨鸡叫就听见了？"姑嫂两个说笑着走远了。

我想，这就是游击区人民生活的情绪，这个少女是在生死交关的时候也还顾到在头上罩上一个男人的毡帽，在脚上套上一双男人的棉鞋，来保持身体服装的整洁。

我见过当敌人来了，女人们惊惶的样子，她们像受惊的鸟儿一样向天空突飞。一天，三槐的二嫂子说："敌人来了能下洞就下洞，来不及就得飞跑出去，把吃奶的力量拿出来跑到地里去。"我见过女人这样奔跑，那和任何的赛跑不同，在她们的心里可以叫前面的、后面的、四面八方的敌人的枪弹射死，但她们一定要一直跑出去，在敌人的包围以外，去找生存的天地。当她们逃到远远的一个沙滩后面，或小丛林里，看着敌人过去了，于是倚在树上，用衣襟擦去脸上的汗，头发上的尘土，定定心，整理整理衣服，就又成群结队欢天喜地地说笑着回来了。一到家里，大家像没有刚才那一场出生入死的奔跑一样，大家又生活得那样活泼愉快，充满希望，该拿针线的拿起针线来，织布的重新踏上机板，纺线的摇动起纺车。而跑到地里去的男人们就顺便耕作，到中午才回家吃饭。

"活泼愉快，充满希望"！多么鲜明、感人的现实生活体验！游击区农村女性的言行历历在目，我们从中真切地看到了她们的质朴、坚贞、乐观以及美好。这些女性不就是《荷花淀》中的"媳妇们"的原型吗？因此，小说中农村女性的言行、品性不是孙犁凭空想象和杜撰的，而是在现实生活中切实存在的。《荷花淀》中，水生对媳妇叮嘱了"最重要的一句"话："不要叫敌人汉奸捉活的。捉住了要和他拼命。"水生媳妇"流着眼泪答应了他"。看了孙犁的实地采风，再看这段对话和场景，一定会无比感动！因为现实中游击区的女性就是这么想、这么做的："我见过女人这样奔跑，那和任何的赛跑不同，在她们的心里可以叫前面的、后面的、四面八方的敌人的枪弹射死，但她们一定要一直跑出去"。水生的这句叮嘱不是迂腐，而是对肮脏、卑下的侵略者的厌恶与憎恨，是游击区的女性保护美好的一份坚定与决心。

在《游击区生活一星期·人民的生活情绪》这篇文章中，孙犁对游击区人们的生活情绪是这么评论的：

在他们，没有人谈论今天生活的得失，或是庆幸没死，他们是：死就是死了，没死就是活着，活着就是要欢乐的。

假如要研究这种心理，就是他们看得很单纯，而且胜利的信心最坚定。因为接近敌人，他们更把胜利想的最近，知道我们不久就要反攻了，而反攻就是胜利，最好是在今天，在这一个月里，或者就在今年，扫除地面上的一切悲惨痛苦的痕迹，立刻就改变成一个欢乐的新天地。所以胜利在他们眼里距离最近，而那果实也最鲜明最大。也因为离敌人最近，眼看到有些地方被敌人剥夺埋葬了，但六七年来共产党和人民又从敌人手中夺回来，努力创造了新的生活，因而就更珍爱这个新的生活，对它的长成也就寄托更大的希望。对于共产党的每个号召，领导者的每张文告，也就坚信不移，兴奋地去工作着。

"死就是死了，没死就是活着，活着就是要欢乐的"，这不就是大无畏的浪漫精神吗？孙犁为什么在以战争为题材的作品中叙写欢乐的场面？因为对未来的乐观和必胜的信念。他又为什么把战斗写得那么轻松乃至富有传奇色彩？因为抗日战争中的农民骨子里就是这么勇敢、聪明、神气，敌人的穷凶极恶掩盖不了其本质上的龌龊、腐化，改变不了其最终必将覆灭的命运。在这个意义上，《荷花淀》的浪漫揭示了事物的本质、本真与发展规律。

孙犁在《论通讯员及通讯写作诸问题》中辨析何为"清醒的现实主义"：

当叙写一个事件，你不要为纷乱的现象弄得你头懵眼花，你要从这些缭乱的现象中，抓取其主干，抓取其事件主要特点，并且把这主干和特点完全表现出来。所谓忠实，就是要找出那件事的真正面、深刻面、核心。所谓忠实，就不是只看一个表面，只看一个断片，为其外表所蒙蔽。现实主义的方法，不是简单的外表摄影，而是在指出这事件的前因后果之外，加以批判。

由此可见，真正的现实主义不是对事实、现象表面化地记录和描摹，而要"找出那件事的真正面、深刻面、核心"。这样看来，孙犁在《荷花淀》中刻写的环境、人物、战斗，都源于现实而高于现实，这些内容深刻、本质的面向被揭示出来，革命的浪漫情怀即为其中的一个面向。魏巍在《我怎样写〈谁是最可爱的人〉》中说[①]：

首先，我希图追求着最本质的东西。在朝鲜，我脑子里经常想着一个问题：我们的战士，为甚么那样英勇呢？就硬是不怕死呵！那种高度的英雄气概是从甚么地方来的呢？为了找答案，我谈了好多话，开了好多座谈会。我细细跟他们谈，让他们把心里的话谈出来。跟我谈的，有指挥员、战斗英雄、一般的战士、干部、新参军的学生和过去曾经是落后的人。我了解到，他们由于锻炼与认识的不同，虽然有些差异，但是都有着共同的一点，即对于伟大祖国的爱，对朝鲜人民深刻的同情，和在这个基础上的做一个革命英雄的荣誉心。于是，我了解了在党的教育下这种伟大深厚的爱国主义与国际主义的思想感情，就是我们战士英勇无畏的最基本的动力。我想，这不是最本质的东西吗？这就是最本质的东西。我肯定了它。我一定要反映它。

魏巍的创作理念与孙犁是相同的，都在寻找一些重要问题的答案，都

[①] 宋贤邦：《魏巍研究专集》，解放军文艺出版社1982年版，第7页。

在力图揭示事物与现象的本质。他通过对现实的触摸和审视——好多座谈会，访谈不同的人，发现了战士们"共同的一点"——"对于伟大祖国的爱，对朝鲜人民深刻的同情，和在这个基础上的做一个革命英雄的荣誉心"。这"共同的一点"就是战士们的本质，是回答战士为何如此英勇的答案。基于对此本质的理解，魏巍以革命浪漫主义的笔触深情刻画了"最可爱的人"。这提示我们，在品读《荷花淀》时，一方面要关联、还原小说所反映的现实，另一方面——或许更重要的——要体会作者从现实中抽取出来的本质与本真，后者更具审美意味，更感人。

最后，我们结合《荷花淀》的学习来谈一下革命传统教育的问题。语文教学应当是"知、情、意"三位一体的，其中的"意"主要指价值观，革命传统教育是价值观教育的重要组成部分。教育部2021年印发的《革命传统进中小学课程教材指南》指出："对中小学生进行革命传统教育，植入红色基因，……对于传承革命文化和社会主义先进文化，培养德智体美劳全面发展的社会主义建设者和接班人具有重要意义。"革命传统教育"以道德与法治（思想政治）、语文、历史三科为主，艺术（音乐、美术等）学科有重点地纳入，其他学科有机渗透"。语文是落实革命传统教育的重要课程，在传承和弘扬革命文化中发挥重要作用，新修订的《义务教育语文课程标准（2022年版）》即明确指出，革命文化是课程的三大主题之一。

《荷花淀》这样的篇目，非常适合作为革命传统教育的素材，实为思想性和艺术性兼具的佳作。值得注意的是，很多语文教师不擅长在教学时兼顾文本的艺术性与思想性，尤其是对革命浪漫主义作品的教学比较生疏，这会使基于《荷花淀》教学的革命传统教育成为生硬的说教，而学生对此一定是相当排斥的。教师可从两方面入手对此加以改进：第一，优化对《荷花淀》的解读，迫近文本的浪漫之美，帮助学生真正理解《荷花淀》好在哪里、美在哪里，避免在教学中对文本表面化、概念化、大而化之的分析，切实激发学生的感动与共鸣。第二，教师要在教学形式上多想想办法，无论文本解读得多好，如果不能找到适合学生、学生喜欢的教学形式，学生接受的效果肯定也不会好。下面我们来看一个例子：《北京商报》2021年8月5日发表文

章《飙泪点太多,〈再回延安〉你需要哭着看完》。文章写道:

经历了长征和战斗的洗礼,20 岁的刘宝顺成了红旗班班长,但来到延安的他却时常陷入迷茫。在思念战友们的恍惚之间,班长姜元贵告诉他,留给他的红旗上绣着鲁迅先生《热风》里的一句话:"此后如竟没有炬火,我便是唯一的光!"班长带着战友们再次远去了,只剩下刘宝顺怔怔地留在原地。"后来我才意识到,这是在一场梦里。红旗班原来有老军医、小秀才、大伙夫,还有一位钢铁意志的老班长,他们都牺牲了。班长离开前叫宝顺不能哭的时候,我已经哭得说不出话来了。"北京观众文柏噙着泪水走出剧院后,决定二刷这部剧。

陕西观众张戈尤其对剧中延安大轰炸的场景记忆犹新:在《黄河大合唱》激昂宏伟的节奏里,在纷飞的炮火里,在硝烟和瓦砾里,刘宝顺勇敢地扛起红旗,发出最后的呐喊:"学生不会倒下,工人和农民不会倒下,我不会倒下,六万万中国同胞不会倒下,让我们和敌人血战到底!"磅礴大气的舞蹈即刻上演,无论台词布景、灯光效果,都让人十分震撼,瞬间泪奔。

整部剧的高潮之一是红军爬雪山的场景,不时有人失足滑落或停留冻毙,被白茫茫的雪山吞噬。有的战士牺牲之前感叹:"让我看看,就看最后一眼……真美啊!""俯瞰这茫茫大地,它可真美啊,无数的生命也将永远长眠于这白雪中……"

来自广州的观众李玉凤被这样的台词震撼到了,好几次掩面而泣。她觉得这幅画面里有一种"天真而残忍"的力量,"不直言爬雪山的艰难困苦,却用这样的纯真的语言,来对比生命的脆弱与绝美,慢慢细品,各种滋味都在其中"。

漫无边际、布满泥沼甚至暗藏杀机的草地,成为这支队伍更大的噩梦,疾病、伤痛乃至精神的崩溃接踵而至……战友们一个个倒下,只有 17 岁的刘宝顺,带着死去战友的祝福,以班长最后的嘱托为动力,撑起红旗班的旗帜独自走出了草地。然后,他喊出了那句震人心魄的口令:"红旗班应到五人,实到一人,出发!"这是整部剧观众情绪的最高峰,现场几乎所有人都忍不住泪奔了。

"我觉得自己仿佛走进剧里,成了一个红军战士,历史的画面在这一刻被艺术重新唤醒,让我深刻感受到可视、可触摸、有温度的'沉浸式'演出,眼泪也禁不住喷涌而出。"本地观众高华说。(有删减)

延安红街连续演出上百场沉浸式情景剧《再回延安》。央视、新华社、人民日报等主流媒体也纷纷报道,称其"以一种创新的表达方式,体现了红色文艺精品的魅力"。有观众评价:"整场演出,差不多一半的时间我一直在哽咽,眼中泛泪、口罩浸湿。《再回延安》不仅是顶级的红色经典,即便在整个舞台剧范畴也堪称绝佳。"还有观众表示:"开局即高潮,启幕就落泪。这部剧真的很与众不同,让我深切感受到台词和剧情相结合的穿透力。"这些都说明,《再回延安》实现了思想性和艺术性的完美整合,是一个极为典型的革命浪漫主义作品,观众从中感受到"天真而残忍的力量",这是一种多么本质、多么本真的力量!这样的演出展现了强大的艺术魅力,对如何基于文学作品对学生进行革命传统教育有借鉴意义。编剧、演员、"服化道"齐心协力以完美的形式展现了巨大的打动人心的力量,这样的形式值得学习。基于此,我们要审思的是,在教授《荷花淀》时,我们应运用、创造怎样的形式真正打动学生,更好地实现革命传统教育。

附录:《去年的树》教学设计

本书第一部分对《去年的树》进行了解读,藉此说明文学文本解读的基本方法与策略。我曾在小学教授过这篇课文,也有其他教师根据文本解读思路进行教学,都取得了不错的效果。下面是《去年的树》的教学设计,供读者参考,并体会如何将文本解读的"两个指向""三个路径"真正落实到教学中。

核心词: 无言的悲伤。

教学目标与教学重点:

(1)让学生感受和理解"逝去"这一人生主题。

(2)让学生体会文本优美而独特的表达悲伤的方式。

新课导入

同学们,你们以前学过哪些童话?_____①×××讲了什么内容?(从学生的回答中选择温馨的、结局圆满的童话,与《去年的树》在内容和情感基调上形成对比。)

同学们,童话和其他文学作品一样,都会叙述一个内容,说明一个道理,表达一份情感。今天,我们学习一个有点不一样的童话——《去年的树》。注意老师说的"有点不一样"了吗?好,我们先来读一读这个童话,看看它在什么地方与我们以前学过的童话不一样。

---

① 横线中的内容为学生的回答或发言。

文本朗读

同学们，给大家两分钟的时间，你们先迅速浏览一下这篇童话的内容。这篇童话讲了一件什么事？_____这件事让你有怎样的感受？我请两位同学分别来读这篇文章，要把你刚才体会到的情感通过你的朗读表现出来，要表达出鸟儿的情感，要想象作者在写下这些文字时的情感。

接下来，请同学们自由朗读课文。

情感体验——理解"逝去"

同学们读得很好！请告诉老师，你们读了这篇文章有怎样的感受？_____我听到有同学说"难过""伤心""悲伤"。很好，你们体会得非常准确！你们为什么会有这样的感受呢？_____哦，是啊，鸟儿失去了她的好朋友！看来正是这样的失去，让鸟儿、让我们感到悲伤，是吗？

下面老师给大家看几张照片。同学们看，尚有些寒冷的初春，英国的一对老夫妻站在自家的院子里，面带微笑拍下合照。他们为什么要拍这张照片？因为这位妻子患了癌症，医生诊断她的生命可能维持不到一年了。所以，这对夫妻面临着什么？_____对，是生命的逝去，他们在相互告别。那么，他们是如何告别的呢？我们看，几个月之后他们又在这个地方拍了一张照片。已经是夏天了，院子里的植物在郁郁葱葱地生长，而妻子的生命之火却变得暗淡，这样的反差会让我们觉得有点——_____是啊，有点难过。我们再来看这张照片，已经是深秋了，下着阴冷的雨，夫妻二人又拍下合照，仍然面带微笑，他们在认真地、好好地告别。这是来年春天的照片，就在去年的这个时候，他们接到了要分别的消息，妻子的身躯显得愈发佝偻了，院子中的植物又在生发了，看起来和去年一样，但物是而人非啊！我们看这最后一张照片，只有老先生一个人了，妻子的生命之火已经熄灭了，老先生为什么还要一个人拍下这张照片？_____是的，还是要好好地告别，目送相伴了几十年的爱人走远。

同学们，这就是生活中真实发生的逝去，就是《去年的树》中描写的逝去。

你们体验过逝去吗？_____（教师引导学生理解多维度、多层面的逝去，比如：时间流逝、青春不在、环境改变、风俗变迁、传统消失，等等。）

同学们，这个世界上有如此多的逝去啊！

逝去往往让人悲伤，但是否有些逝去会让人更加悲伤呢？比如我们学习的这篇文章中的逝去。_____对！当失去的东西特别美好的时候，就会让我们更加悲伤。同学们从哪里能看到鸟儿失去的是美好的呢？_____是啊，在偌大的树林中，有那么多的树，有那么多的鸟，偏偏他们相遇了。更美好的是，他们还互相喜欢，树为鸟儿遮风挡雨，鸟儿为树深情歌唱，这真是——_____对，缘分。并不是每棵树、每只鸟儿都有这样的缘分，对吗？所以呀，你们也要珍惜生活中的缘分，比如——_____对，我们的爸爸妈妈、老师、同学和好朋友，还有将来的爱人，当然，还有你们未来的孩子……

同学们再体会一下，这篇文章中的逝去还有一个地方也让我们更加难过。是什么呢？_____很好！有同学说是没有想到会逝去。你从哪里看出来的？_____是的，大家看课文中的这句话，树对鸟儿说："再见了，小鸟！明年春天请你回来，还唱歌给我听。"鸟儿说："好的，我明年春天一定回来，给你唱歌。请等着我吧！"树和鸟儿相约——_____对，相约"来年再见"！他们分别的时候，鸟儿会想到来年回来的时候再也见不到树了吗？树会想到来年他变成火柴燃烧，无影无踪了吗？没有，他们都没有想到，他们以为眼前的欢乐来年还会继续，可是——_____是啊，美好终将逝去，而且往往在我们不经意的时候，没有预料、没有准备的时候。

同学们，你们初读这篇童话感到悲伤是准确的，这也是这篇文章的动人之处——它讲了一个让人悲伤的故事。

情感升华——理解文本的写作手法

美好终将逝去，我们却无法阻止，甚至无法预料，这个世界是不是有点——_____是啊，残酷！

同学们，如果你面对这样残酷的逝去，会有怎样的反应呢？_____（关注学生表达的情感反应，如难过、愤怒、委屈、哭泣、怨恨。）

前面我问你们读了《去年的树》有什么感受，很多同学说"难过"，你们的情感反应是非常自然的，也是可以理解的。鸟儿面对逝去，她难过吗？她也一定很难过，是吧？可是，在《去年的树》中，鸟儿的行为表现是怎样的？_____有些同学们已经发现了，鸟儿面对逝去表现得怎么样？_____对，平静、冷静、释然。你们从哪里看出来的？_____是的，鸟儿没有哭、没有愤怒，她的语言是冷静的，她的行动也是冷静的：她飞到_____，问_____；她又飞到_____，问_____；最后知道了树的下落，也只是_____是啊，安静地盯着灯火看了一会儿，唱起去年唱过的歌给灯火听，然后就飞走了。

同学们，鸟儿再也见不到自己的好朋友树了，她怎么没有哭号、没有愤怒、没有委屈呢？这正常吗？她是不是太冷酷、太冷血了？你们是怎么理解的？_____（根据学生的回答总结提炼，学生想不到的教师提出来。）

是啊，树的逝去无法阻止，也不可逆转，但是——

- 树不在了，但他留下了光和热。
- 与树度过的美好时光会永远留在鸟儿的记忆中。
- 树变的火柴在燃烧中飘到了空中，虽然不能说话，也无法看见，但鸟儿能感觉到树就在身边。
- 在被伐掉的树旁边，又长出一棵小树苗，看起来和原来的树一模一样。

- 逝去的终将逝去，要珍惜有缘人，要珍惜眼前的美好。
- 天下没有不散的筵席，平静地接受逝去，感谢曾经的相遇相知。
- 有逝去才会有生发，与逝去告别，期待和迎接新的生命。

也许鸟儿就是想到了这些，她获得了一些——_____是的，安慰和释然，她也因此表现出平静和冷静的行为。

同学们还记得前面老师给大家看的那对英国的老夫妻吗？他们面对逝去，是不是同样表现出平静与冷静？是啊，他们在"郑重地""好好地"告别，这是不是显现了一种尊严和体面？这对夫妻几十年的相伴是美好的，他们也在用富有尊严和体面的方式面对逝去、相互告别，这也是对几十年相依相伴的致敬！

同学们，这篇文章包含的情感多不多？深不深？_____但是我们看作者的文字，却显得那么——_____对，这篇童话的文字非常平静、非常简单，作者想要表达很多情感，却用很简单、很空灵的文字。作者为什么要这么做？他用简单浅白的文字，让整个文章安静下来了、空下来了，我们的心也静下来，这样才能听到更多、更细的心底发出的声音，从而感受一层一层复杂的情绪。同学们明白了吗？这是一种很高明的写作方法——用平静的文字写悲伤更悲伤，用浅白的文字写情感更浓郁。

同学们，读到这里，我们是不是有了很多的感动？这样的感动就是源自这篇文章的美感，将来你们好好学习语文，多读这些优美的文章，就会发现很多自己原来不曾有过的情感，这样的发现让我们感到欣喜，这也是阅读好文章带来的成长！

文章最后写道："鸟儿睁大眼睛，盯着灯火看了一会儿。"请同学们发挥想象，说一说鸟儿这会儿在想什么，她想对灯火说什么。_____

同学们说得很好，老师非常感动。此刻，你们是否对写出这么好的童话的作者有点好奇呢？你们觉得他是一个什么样的人呢？_____

（介绍作者背景）

同学们，从新美南吉的人生经历我们能看到什么？_____对，新美南吉的人生经历就是现实版的《去年的树》。他从来到这个世界就开始一次次地经历"逝去与无常",生命中也曾有光亮、希望、承诺,但结局大都是破灭、丧失、无果。请同学们思考一个问题:原原本本真实记录新美南吉人生的文字和《去年的树》,哪一个更感人呢?

下课之后,请各位同学读一读新美南吉的另一个童话作品《小狐狸阿权》,并且与《去年的树》作比较,用我们分析《去年的树》的方法分析这篇文章,然后把这两篇文章讲给爸爸妈妈听。

作业——读写一体化

下课前,老师给你们布置一个作业,从下面两题中任选一题写一写:

(1)第二年的春天,树等着鸟儿回来,可是,鸟儿没有回来。树会想些什么、做些什么?请想象并写下来。

(2)回想让你印象深刻的逝去,先写一写你当时的反应是什么,做了什么,再用《去年的树》一般的语言表达面对逝去的情感。

后　记

这是我的第 15 本书。

近十多年，我每年出一本书，"无他，唯专注尔"。

杜荀鹤《题弟侄书堂》诗言："窗竹影摇书案上，野泉声入砚池中。"以此记本书的写作。

感谢本书的策划编辑张宁，感谢李永梅社长和杨坤副社长，感谢责任编辑张思扬。